「蔦重版」の世界
江戸庶民は何に熱狂したか

鈴木俊幸 Suzuki Toshiyuki

NHK出版新書
737

はじめに

蔦屋重三郎《つたやじゅうざぶろう》の発想と足跡を捉えるためには、彼の関与した出版物を追いかけていくのが一番有効な方法であろうし、ほとんどそれしかない。蔦重は本屋である。在世当時から注目されていた存在であって、他の本屋に比べれば、まだ時人《じじん》の言及などが残っているほうではある。それでもこの一介の本屋にすぎない彼についての証言は多いとはいえない。その数少ない証言にしても、そのまま真に受けてよいわけではない。この本屋をつかまえる一番たしかな方法は、彼が残した動かぬ証拠、彼の出版物に語らせることであろう。

彼の手掛けた出版物は、彼が生きていた時代の文化の大きな一角を占める。恋川春町《こいかわはるまち》や朋誠堂喜三二《ほうせいどうきさんじ》の黄表紙、大田南畝《おおたなんぽ》(狂名四方赤良《よものあから》)を中心とした狂歌の世界から生まれた狂歌本、山東京伝《さんとうきょうでん》の洒落本《しゃれ》、また喜多川歌麿《きたがわうたまろ》の美人絵や絵本、また写楽《しゃらく》の役者絵。すべてこの時代の文化を語る際に欠かすことの出来ないものたちである。それはどういうことか。

まず、蔦重の出版に関わる発想がこの時代のある部分を牽引していったということが言えよう。当時の江戸人の好尚に訴え、また好尚を引き出すべく仕掛けていく本作りであった。言葉を換えれば、流行の最先端を行く出版物を世に出すとともに、最先端の流行を創り出していったということでもある。

当時の江戸人の多くは、彼の戦略にうまうまと乗せられて、蔦重版を嬉しがって手に取っていたわけである。そして、彼の残した出版物によって、この時代の文化を捉えようとしている現代のわれわれも、同じ術中にはまって当時を幻視しているのかもしれない。でもだまされてみるのも悪くない。まずはどっぷりと蔦重ワールドにはまってみよう。はまった水底に、泉下の蔦重のにんまりした顔を拝めるかもしれない。

なお、本書の部立てについては、おおむね蔦重の足取りを追った形になっているが、その下の章、またそこに取り上げた出版物については、必ずしも時系列によって配列しているわけではない。各章ごとのテーマに沿って出版物を吹き寄せてあるので、部全体を眺めた場合、出版時期が前後していることがままあることをお断りしておく。また、章のテーマを成立させることを優先して出版物を選んだので、必ずしも蔦重版の名品や名物ばかりが並んでいるわけでもない。逸したものも数多いこと、ご容赦いただきたく思う。

「蔦重版」の世界——江戸庶民は何に熱狂したか　目次

第一部 吉原の本屋として

蔦屋重三郎は、江戸時代中期の寛延三年（一七五〇）に江戸新吉原《しんよしわら》に生まれた。吉原は、江戸の繁華を象徴する場所であった。江戸を訪れた他国の人間が見物にやってくる人気の観光地であり、江戸っ子にとっても自慢のスポットであった。一級の調度、遊女の教養、酒肴の美味、一流の芸、みなここでしか味わえない贅沢である。通《つう》という美意識に適う装いと振る舞いを競う場でもあった。最先端のおしゃれ、洗練された会話、最新の情報と一般の上をいく趣味・学芸に接することのできる場所であった。そのような環境で蔦重は成長していったのである。

安永三年（一七七四）正月刊鱗形屋孫兵衛《うろこがたやまごべえ》版吉原細見『細見嗚呼御江戸《さいけんああおえど》』の刊記に「此細見改おろし／小売取次仕候／新吉原五十間道左りかわ　蔦屋重三郎」と見える。蔦重二十四歳、この時から鱗形屋版吉原細見の編纂に関与し、吉原五十間道《ごじっけんみち》で吉原細見の卸《おろし》売りを行うようになったわけである。いつ頃からかははっきりしないが、これ以前から本屋を開いていたのであろう。蔦屋次郎兵衛《じろべえ》の茶屋の一角を借りての片店《かたみせ》商売である。吉原見物客向けの吉原細見や廓内《かくない》で需要のある長唄や浄瑠璃の稽古本など場所を取らない商品を扱っていたものと思われるが、同時に吉原を営業圏とする貸本業も行っていたものと思われる。

第一章　吉原細見と遊女評判記

蔦重の出版事業は、吉原の行事などに際して、その情報を江戸市中に発信する広告的なものから始まる。吉原に生まれ育った蔦重は、血縁・地縁の援護を得て、吉原という機構の一員として、出版物を使った吉原の戦略的な広告を行っていく。蔦重という希代の人材を得て、吉原は初めて情報発信能力を吉原内に得たわけである。

また、年二回発行の「吉原細見」は、遊女屋とその所属の遊女の情報を中心にまとめられた情報的冊子である。幕府公認の遊廓吉原を象徴する冊子でもある。吉原見物に来た人間にとっては恰好の吉原土産であった。鱗形屋版細見の改め（改訂情報収集）、卸、小売りから、蔦重の出版物関与が始まるのであるが、鱗形屋に代わって蔦重が細見の出版も開始していく。そして蔦重の出版物の象徴ともなっていく。それまで江戸市中の版元に頼っていた吉原情報の核心的部分の発信が、吉原の地から行われるようになったのである。

吉原という地に軸足を置きながら、以後、蔦重は当世流行の出版物を手掛けていく。富《とみ》本《もと》浄瑠璃の正本《しょうほん》・稽古本であったり、黄表紙や洒落本であったり、通という、当時のかっこよさの指標であった美意識をくすぐる出版物である。そして、そのようなおしゃれな出版物を手掛けているということをもって、蔦屋という店を江戸市中に広告していくのである。

『一目千本』

安永三年(一七七四)七月刊の『一目千本《ひとめせんぼん》』が蔦重最初の出版物となる。横中本《よこちゅうほん》(約十四センチ×十九センチ)二巻二冊の瀟洒《しょうしゃ》で美麗な絵本である。刊記は「安永三甲午歳七月吉日／画工　北尾重政／彫工　元岩井町　古沢藤兵衛／書肆　新吉原五十軒／蔦屋重三郎」とあって、画工は、当時一番画技に定評があった北尾重政《きたおしげまさ》である。彫工の名前も入れており、彫板にもこだわって丁寧に仕立てられたものであることを刊記で表明している。

描かれているのは、当時通人の趣味として流行していた生け花、抛入《なげい》れの図である。序題が「華すまひ」となっていて、相撲よろしく、毎半丁に描かれた東西一対の抛入れの優劣を競う趣向であるが、序に「四季の花を名君の姿によそへ」とあるように、それぞれの抛入れには特定の遊女の名が宛《あ》てられている。たとえば、上巻最初の取組は「木蓮花《もくれんけ》　大

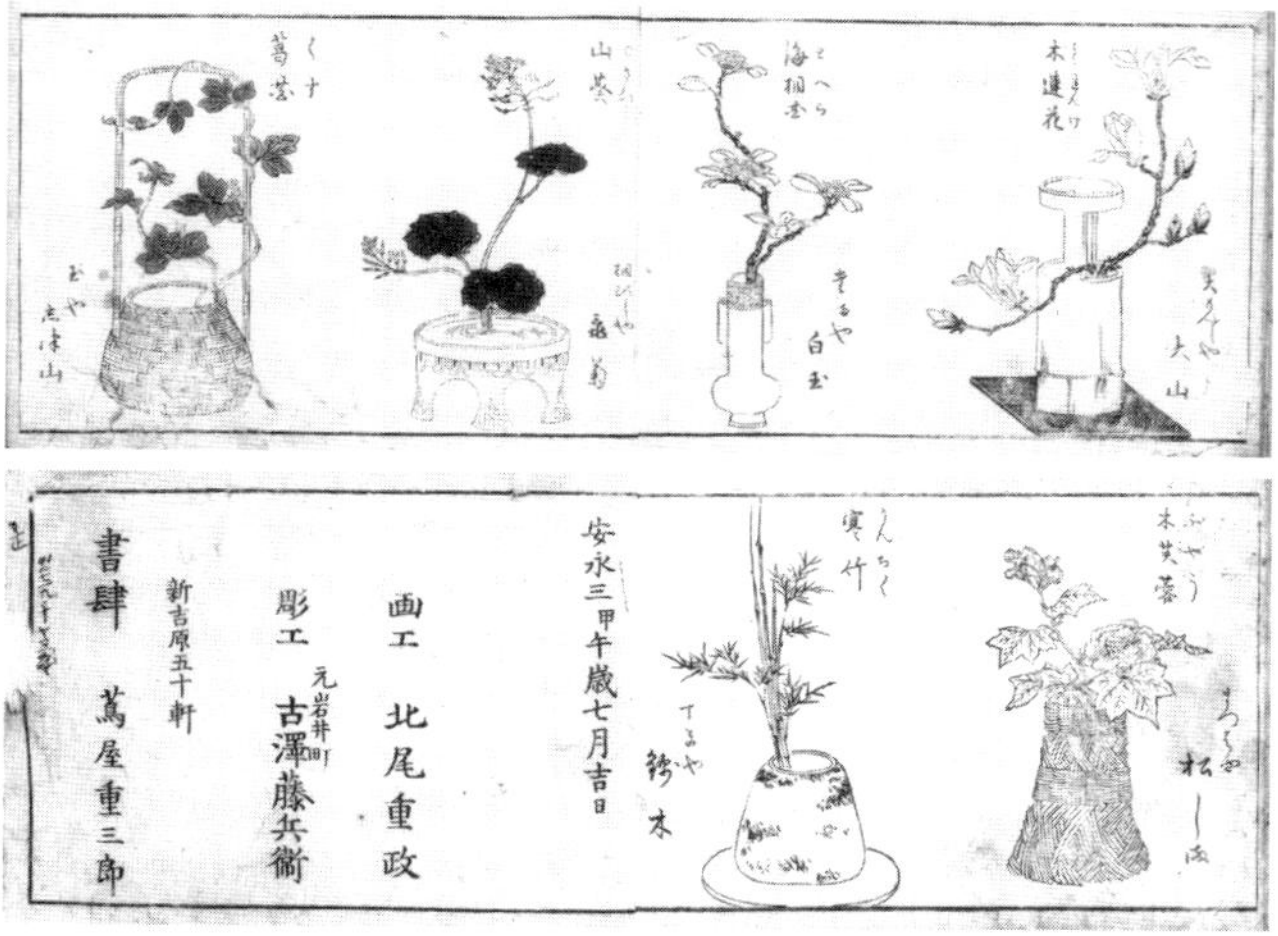

『一目千本』　安永3年（1774）／評判記／大阪大学附属図書館蔵

もんしや 大山」と「海桐花《とへら》 たまや 白玉」の「取組」である。色摺《ず》りの口絵には土俵と弓矢が描かれていたりもする。

序に、「この頃一人の大尽来《たいしんきた》り戯《たはむれ》に此里《このさと》の遊君《ゆうくん》の角力《すまひ》を見まほしきよしを求《もと》む」と、さる大尽《だいじん》の遊女の相撲を見たいという要望を「里雀てふもの承《うけたまは》り」とあり、中入り口上を述べている里雀《りじゃく》なるものが編者ということになる。しかし、この作品のためだけの戯名《ぎめい》であり、その正体は分からない。里雀とは、素見《すけん》（ひやかし）を意味する語「吉原雀《よしわらすずめ》」を俳名風に言い換えたものであろう。

上巻冒頭は桜と軍配を描き「松葉屋はつ風　おもひきやさくらを花の司と

は」と行司格で松葉屋初風《まつばやはつかぜ》の句を載せる。下巻も同様、海棠《かいどう》に軍配を描き「扇子屋 滝川秋なから花の位のかいとうや」と扇屋滝川《おうぎやたきがわ》の句を載せる。中入り口上の末にも「野も山もかつ色見せつ秋の風 里雀」とあり、全体に俳諧趣味濃厚の仕立てである。当時、吉原に遊ぶ通人は表徳《ひょうとく》、つまり俳名で呼び合うのが例となっていたように、彼ら遊客の基本的趣味は俳諧であり、彼らを迎える茶屋や遊女屋の主人たち、また遊女も俳諧に長じている者が多かった。茶屋の二階などは俳席に供せられることも多かった。そのような環境で育った蔦重も、俳諧に手を染めていたようで、安永六年夏跋《ばつ》、一陽井素外《いちようせいそがい》編『誹諧古今句鑑《はいかいここんくかん》』に三句入集している。

なお、この俳書には北尾重政も花藍《からん》の俳名で句を寄せている。当時、俳諧はさまざまな分野と身分の人びとを相互に繋ぎ合わせる力を持っており、吉原では特にその力を発揮したものと思われる。回り遠くなったが、遊女を買わない吉原雀「里雀」を編者としているこの一書は、蔦重の編纂に成るものである可能性が少なくないと思われる。

『急戯花の名寄』

翌安永四年(一七七五)三月に『一目千本』に続く遊女評判記『急戯花《にわかはな》の名寄《なよせ》』を蔦重は

出版する。三月は、吉原の桜の行事があり、加えてこの年は、しばらく休止していた俄《にわか》がこの時期に行われた。俄とは、吉原芸者総出で、仲之町《なかのちょう》通りで歌舞や寸劇を繰り広げる催しである。久々に復活したこの行事に合わせて出版したものと思われる。

本書には耕書堂《こうしょどう》の号で蔦重が序文を執筆している（本書の引用文中では句読点・濁点および傍訓を補った）。

序

倡家《しょうか》の桃李《とうり》色を争ひ、花際《はなぎわ》に徘徊《はいかい》せる有様を、先に一目千本といへる書に、其容光《そのようこう》を花に摸して人にしらしむ。実に倡婦の花際に遊ぶ品定《しなさだめ》は、花乎《か》倡君乎、いつれ見所を難弁《わきまえがたし》、夢裡《むり》荘周《そうしゅう》が蝶に変《かわる》が如し。

大堤下　耕書堂

吉原の遊女たちが美しさを競い合い、また花々のそばに歩みを進める様、その面影を花になぞらえて『一目千本』という本を仕立てたことを言う。そして、花の側に遊ぶ遊女たちの美しさが花と見まがうほどなのは、荘子の胡蝶の夢のようだというのである。かなり

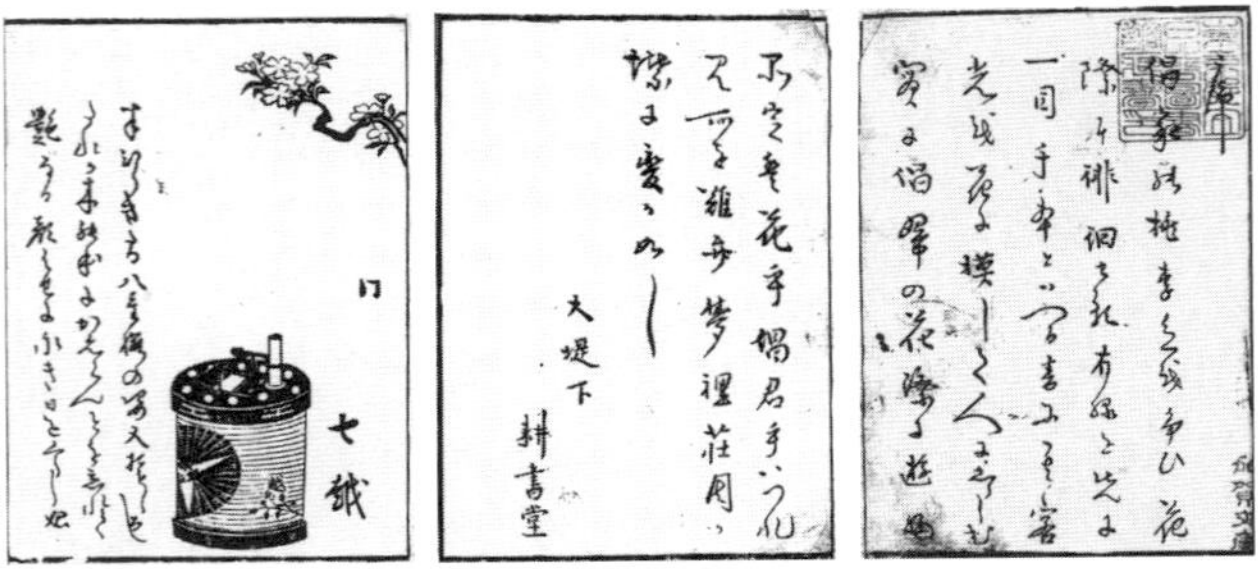

『急戯花の名寄』　安永4年（1775）／評判記／東京都立中央図書館特別文庫室蔵

衒学《げんがく》的で気取った文章である。

『一目千本』と違って、本書は、桜花に遊女の箱提灯《ちょうちん》を取り合わせて描き、そこにその遊女についての短評を書き入れている。たとえば扇屋の七越《ななこし》の評は「半ひらきたる八重桜の姿、又おもしろし。たれか木の本にかえらんことを忘れて、艶なる顔はせに永き日をくらしぬ」となっている。

『一目千本』の無理な見立てに比べると評判記っぽい仕立てではあるが、擬古文による評はきわめて婉曲的で具体性に乏しい。序文の調子によく見合っていて、これらも蔦重の作文と見てよかろうか。曲亭《きょくてい》馬琴《ばきん》は、蔦重のことを「風流もなく文字もなけれど」と評しているが（『近世物《きんせいもの》之《の》本《ほん》江戸《えど》作者《さくしゃ》部類《ぶるい》』）、当時のインテリ連と交流できるほどの教養は獲得していたものと思われる。

さて、蔦重最初期の出版物であるこの二点の遊女評判記、現代においては稀覯《きこう》本に属する。出版当時、多くの部数が摺り出されたとは思えない。出版には多額の費用を要したはずであるが、その費用を回収できるような部数を販売できたとは思えないのである。まだ駆け出しの吉原の本屋がこのような出版事業をなしえたのはなぜか考える必要があろう。答えは簡単である。入銀《にゅうぎん》、すなわち、あらかじめ出資を募っての出版であったと考えるしかない。

この二点に共通する特徴は、掲載されている遊女が網羅的ではなく、また、高位の遊女が必ずしも載っているというわけではないところにある。遊女の名や評を掲載してほしい者が分担して資金を寄せたのであろう。それは遊女本人であった場合もあるであろうが、多くは馴染み客が鼻の下を長くしながら二朱《しゅ》か一歩《ぶ》(現代の金銭感覚では一万円か二万円くらい)ほどはずんだものと推測する。

もちろん、吉原という機構全体の支援もあったものと思われる。遊女屋や茶屋など廓内の人々の合意を取り付けての企画であったはずである。縁浅からぬ若き吉原の本屋の調整・編纂の労をとがめ立てしないというだけではなく、吉原にとっても、吉原の高雅なイメージを発信することには大きな意味があった。この時期、深川をはじめ、市中の岡場所が人気を集め、吉原はかつての勢いを保てなくなってきていた。俄のような行事を復活させたのも客を呼び込んで賑《にぎ》わいを取り戻す方策であったろうし、それに合わせておしゃれな冊子を発行するのもその一環でありえた。

蔦重の企画力によって、出版物をもって自らを広告する方法を吉原は得たのである。そして、通好みの冊子を仕立てる蔦屋重三郎という本屋の存在もまた、これらの出版物は広告することになる。これらは史上初の吉原発の出版物である。この蔦重の挙によって、吉原は初めてその魅惑を出版という方法によって江戸市中に発信する機能を得たのである。

『籬乃花』

安永四年（一七七五）七月、蔦重は吉原細見『籬乃花《まがきのはな》』の出版を手掛ける。以後吉原細見は、天保八年（一八三七）に株を手放すまで蔦重店の象徴的出版物としてその営業の太い柱となっていく。

蔦重がこの吉原細見を出版できたのは、これまで蔦重が改めの仕事として関わっていた鱗形屋孫兵衛の吉原細見が出版されない事態となった、もしくはこれを手掛ける余裕が鱗形屋になくなったからであると言われている。

大坂本屋仲間記録『差定帳《さしさだめちょう》』によると、大坂柏原屋与左衛門・村上伊兵衛蔵版の『増《ぞう》

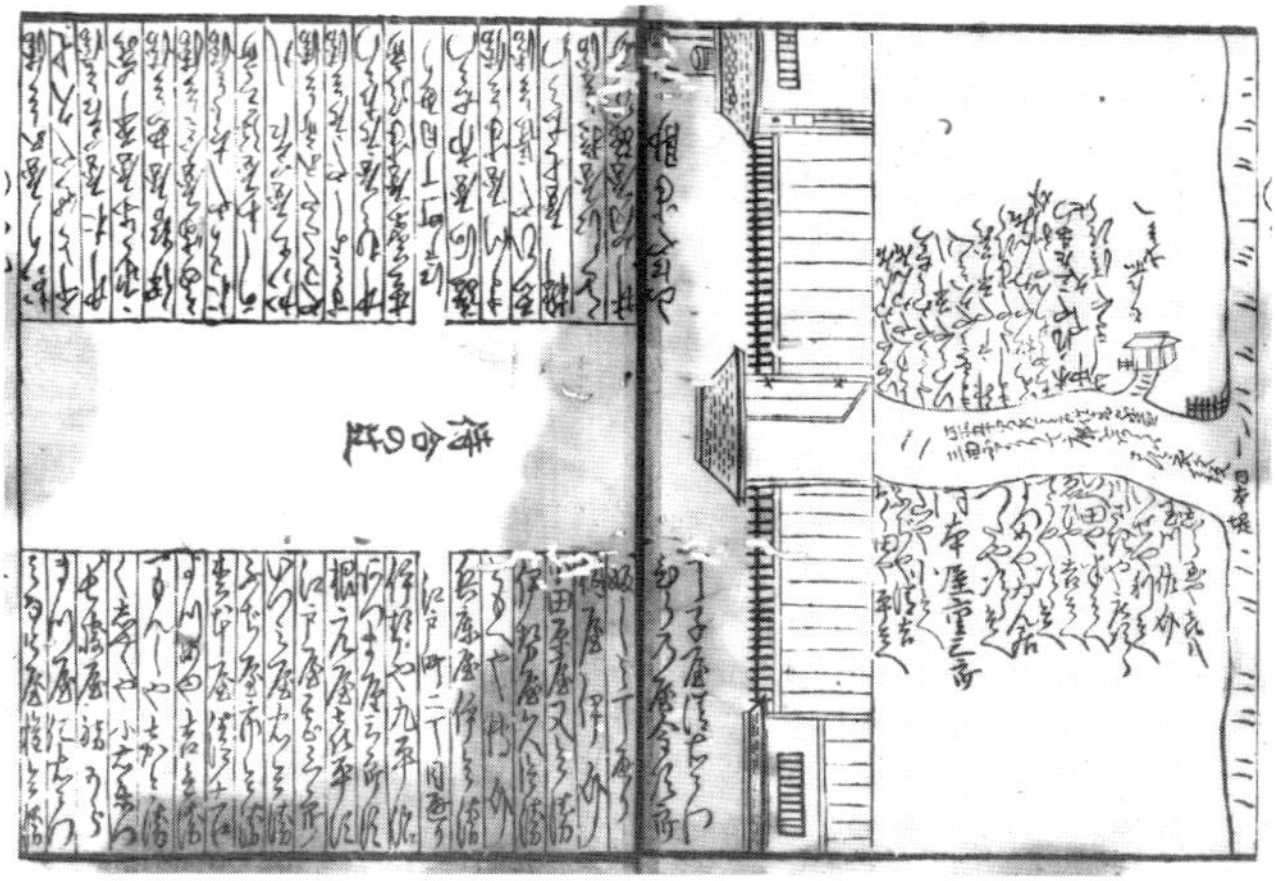

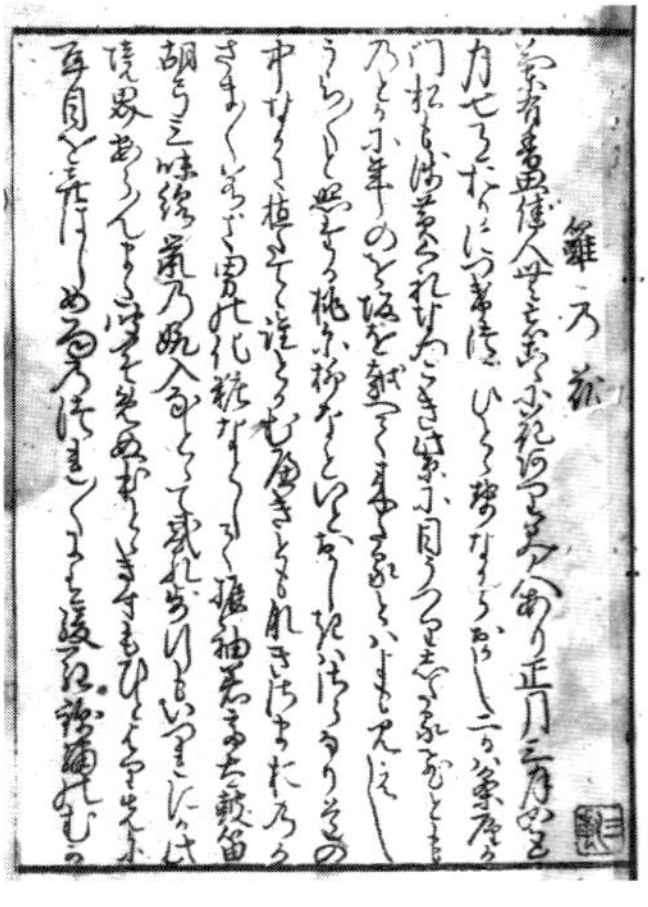

『籬乃花』　安永4年（1775）／評判記
／関西大学図書館蔵

補早引節用集《ほはやびきせつようしゅう》』の重版（海賊版）が江戸で出たことがこの年の五月に露顕する。節用集は字書であるが、目的の漢字に早くたどりつけるように、漢字の音でいろは分けをした上で音数順に配列したりと、検字にさまざまな工夫がこらされた。「早引」とはその工夫を書名にうたったものである。この重宝な仕様の字書は当時大いに需要があり、これを早期に手掛けた大坂の版元はその利権の維持に神経をとがらせていたのであった。

その重版は『増補早引節用集』をそっくり覆刻して作成されたもののようで、『新増早引節用集』と題して売り広められていたらしい。大坂版元両人は代理人をもって江戸に出訴、奉行所の詮議の上、書物問屋が間に入って結局内済で済んだが、その時差し出した済口証文一札によれば、重版を企てたのは浅草の丸屋源六と鱗形屋孫兵衛の手代《てだい》藤八ということであった。丸屋源六については、本商売に関わる資料を知らない。版木は七十一枚、これをもって三千四百冊が仕立てられた。うち六百冊はすでに売り捌《さば》かれていて、残部二千八百冊と版木を差し出しての内済であった。

これだけの部数を一時に仕立てるには、多大な資本投下が必要であるわけであるが、それだけの引き合いが見込まれる美味《うま》い「事業」であったのであろう。そして、これだけの版木を彫板させ、これだけの部数の摺刷《しゅうさつ》と製本をするとなると従事する職人も相当数必要で、これだけの大規模な「事業」が目に立たないはずもなさそうである。また、七十一枚の版木と製品三千四百冊という部数はかなりの量で、広い収納場所が必要である。果たしてこの手代の仕業を鱗形屋孫兵衛が認識しないままであったということは考えられるであろうか。

また、この証文によればこの重版本の売捌に関与したのが鱗形屋久兵衛ということである。彼についても知るところはないが、鱗形屋孫兵衛に関係する人間であることは確かであろう。証文からは、どのようなやりとりで内済までこぎ着けたのか、またこの間にどのように鱗形屋孫兵衛が振る舞ったのかは具体的には分からない。しかし、大きな働きかけがなければこのような穏便の沙汰で済むこととも思えない。

これも『差定帳』に収載された裁許の次第を大坂本屋仲間行司に報じた口上によるが、安永七年二月、「徳兵衛」なるものが仕立てた柏原屋与左衛門・本屋千太郎版早引節用集の重版を売り捌いたことで、鱗形屋孫兵衛とその手代二名が処罰を受けている。この一件に照らし合わせても、店ぐるみで重版に関与していた可能性があり、金銭のやりとりも含めて内済にこぎ着けるまでに鱗形屋孫兵衛が奔走したであろうことは想像に難くない。

少々長くなったが、おそらくはこの一件で、吉原細見の出版どころではない日々を鱗形屋は送っていたのであろう。

吉原細見は、吉原土産の定番であった。また年二回江戸市中に出回る吉原細見売りは季節の定例風俗であり、吉原の存在と細見発行を許可されているという権威とを市中に印象付けるものであった。集客に影響するという実利的な意味合いもあろうが、吉原細見が発行されないということは、吉原という地域の自負に関わる大きな問題であった。蔦屋重三郎による吉原細見出版は、彼の提案であったにしても、吉原という機構の意向を得てのものであったと思われる。

さて、この蔦重版吉原細見は、これまでの吉原細見の様式とは大きく異なる。まず書型が縦型中本であること、これは前例の無いものであった。さらに、遊女屋の情報を各町ごとに記載するというのは従来どおりであるが、通りを挟んで向かい合わせて記載する様式は初めてであった。仲之町から各町を奥に歩むにしたがって両側に見えてくる遊女屋が案内されるわけであるが、これに、逆さにしたり戻したりしながら見る不便さを上回る利便があるとは思えない。中本（約十八センチ×十二センチ）という書型でこの版式にした第一の理由は、他の版元から発行されていた吉原細見との差異化を図るということであったろう。吉原細見が株立てされていたということを示す資料には出くわさないが、それに近い既得的な利権は成立していたものなのであろう。つまり、他の利権と衝突しないように新たな様式を開発したものであったと想像する。

そして、より重要な第二の理由がある。たとえば、蔦重が改めを手掛けた鱗形屋版『細見嗚呼御江戸』は総丁数四十四丁である。それに対して『籬乃花』は二十丁、小本《こぼん》（約十六センチ×十一センチ）と中本の差はあるものの、紙数は半分以下となっている。鱗形屋版は半丁にほぼ一軒の遊女屋を紹介するのに対して蔦重版は二軒以上の紹介を可能とする。文字は小さくなるものの情報量は変わらない。版木の枚数も削減されるので版木地代金と彫板にかかる手間賃が少なく済み、摺手間も半減される。料紙代は書籍の制作費用でもっとも大きな割合を占める。これを大幅に削減できることは何より大きい。蔦重版吉原細見は、鱗形屋をはじめとする他の版元発行の吉原細見よりも安価で卸売りすることが可能であったと思われる。

同じくこの年の秋に小泉忠五郎版の横本吉原細見も発行されている。翌安永五年からは木村屋善八を改め所として鱗形屋版も復活する。横本で発行されていった鱗形屋版は、安永十年（天明元年／一七八一）春まで、蔦屋版と競合的に行われていったことが確認できる（八木敬一・丹羽謙治編『吉原細見年表（日本書誌学大系72）』青裳堂書店）。後述するが、天明三年（一七八三）春版から完全に蔦重一版となるが、それは鱗形屋の経営不振によるばかりではなく、これまでの間に蔦重版の市場占有率が他の及ぶところではなくなったことが大きいのであろう。

『青楼奇事　烟花清談』

安永五年（一七七六）正月に蔦重が出版した『青楼奇事《せいろうきじ》烟花清談《えんかせいだん》』は、昔の遊女や遊客たちの逸話を集めた読本《よみほん》である。刊記は「東都書林／日本橋万町　上総屋《かずさや》利兵衛／新吉原大門口／蔦屋重三郎／梓」となっていて、印刷・製本、そして江戸市中の本屋への卸しを上総屋利兵衛が引き受けたものと思われる。本文末には「安永五年申春／耕書堂蔵板」とあって、上総屋からの出資は無く、蔦重側出資の蔵版物であることを明示している。

しかし、半紙本五巻五冊という造本のものは、駆け出しの本屋にとって開版資金も手重いだろうし、これもその開版費用に見合う売り上げを確保できるものとも思いにくい書籍である。

鈴木隣松《すずきりんしょう》が挿絵を描いていて、編者は序文筆者の葦原駿守中ということになろう。この編者については、拙著『新版　蔦屋重三郎』（平凡社ライブラリー）で考証してある。仲之

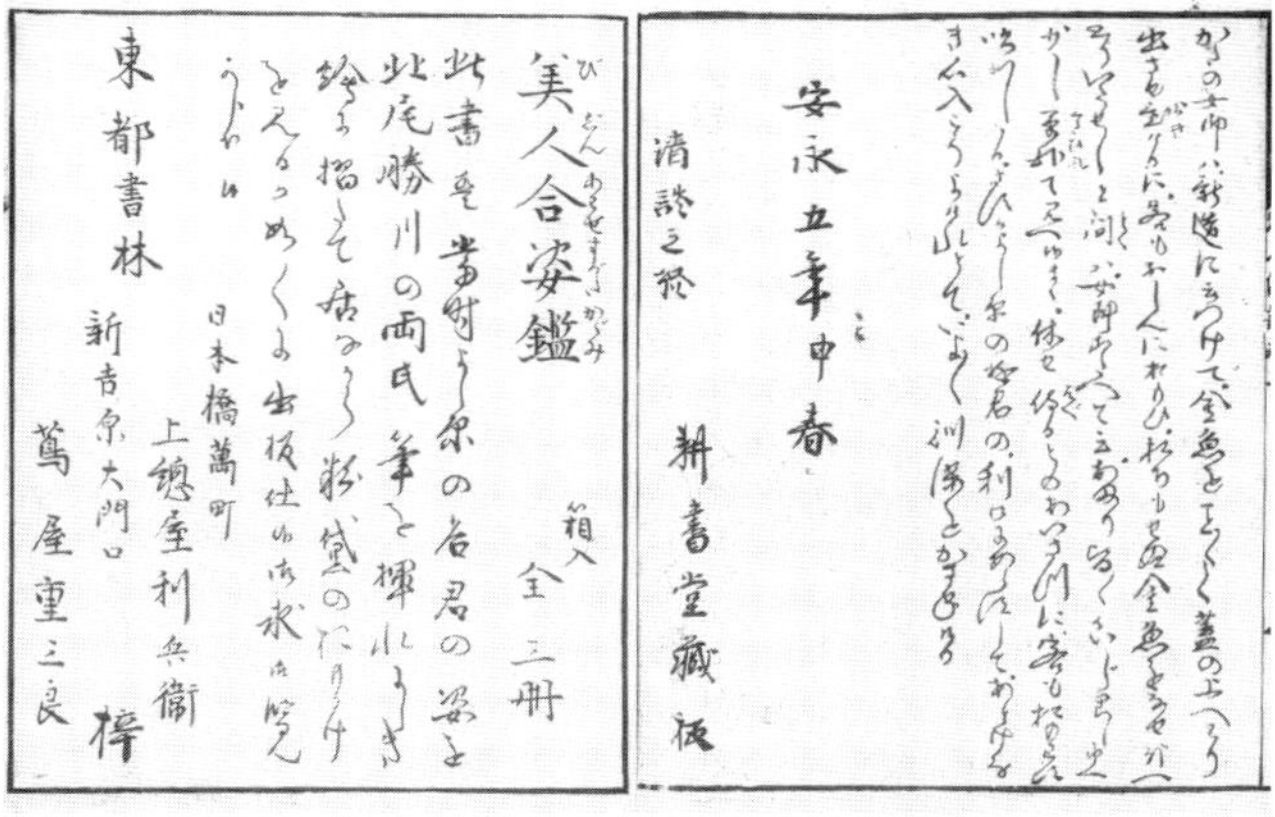

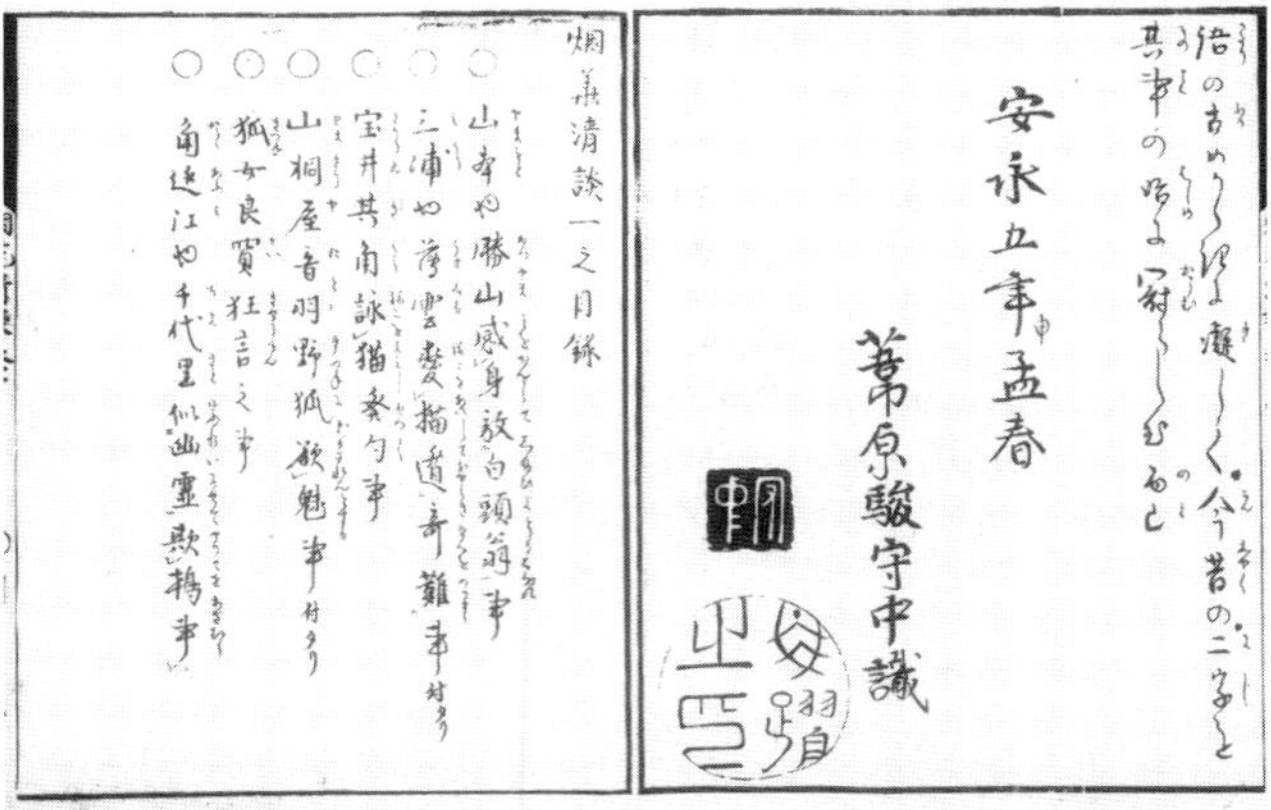

『青楼奇事　烟花清談』　安永5年（1776）／読本／東京都立中央図書館蔵

町の引手《ひきて》茶屋駿河屋市右衛門である。魚躍《ぎょやく》の俳号で俳諧にも遊んでいたようで、秋田佐竹藩江戸留守居役で俳諧執心の佐藤朝四《ちょうし》はその随筆『古事記布倶路《こじきぶくろ》』（寛政三年成）に、この駿河屋の二階で俳席があったことを記している。天明三年（一七八三）刊『万載狂歌集《まんざいきょうかしゅう》』にも魚躍は一首入集していて、当時の文芸世界に通じていたものと思われる。

曲亭馬琴『吾仏乃記《あがほとけのき》』に「畊書堂の主人に叔父あり。尾張屋其（ママ、「某」か）甲と云。新吉原仲の町なる。七軒第一の茶屋にて。其家頗富り」（家譜改正篇五）とある。尾張屋は駿河屋の間違いで、この駿河屋市右衛門のことと思われる。

吉原の行事について記した『吉原春秋二度の景物』には「此頃は年々仁和歌《にわか》絵草紙板行出たれば、其草紙にくわしく見ゆ、蔦屋重三郎五十間道住など始之絵草紙屋と成りしはじめ也。駿河屋市右衛門など艸紙の板行世話しける」と見えている。吉原の有力者である駿河屋市右衛門は、甥である蔦重の初期事業を支援していたのである。とすれば、この『青楼奇事烟花清談』の開版資金は、著者である市右衛門からまるまる出ていたものと考えるのが自然である。市右衛門としては、道楽で仕立てた自著の出版をまかせる形で蔵版物を作ってやったものなのであろう。なお、蔦重の文芸趣味も市右衛門の影響が作用したものかもしれない。

『青楼美人合姿鏡』

同じく安永五年（一七七六）正月に出版した『青楼美人合姿鏡《せいろうびじんあわせすがたかがみ》』は、絵本史に残る豪華な彩色摺の逸品である。当時もっとも人気のあった二人の画工、北尾重政と勝川春章《かつかわしゅんしょう》合筆によるもので、移ろう四季の景色の中、優雅に遊ぶ遊女たちを描く。春夏巻、秋冬巻の上中二巻、下巻に員外として上中二巻に洩れた遊女の画像と、画像を掲載した彼女たちの発句《ほっく》を掲載する。

妓楼《ぎろう》単位で数名ずつ遊女を描く見開きの画面で構成されているが、高位の遊女で掲載されていない者もいる。そして一図に描かれている遊女の数はまちまちである。これも『一目千本』や『急戯花の名寄』と同様、入銀を募っての制作であったと思われる。

山崎金兵衛《やまざききんべえ》と相版の形の刊記を備えるが、これは売弘《うりひろめ》の便宜のため、書物問屋の山崎に手続きを依頼したものであろう。また、絵本制作に長けている山崎に彫板・摺刷・製本を任せたものかもしれない。いずれにしても、蔦重主導の制作であることは確かであろう。これにも例によって随分力の入った蔦重の序文がある。

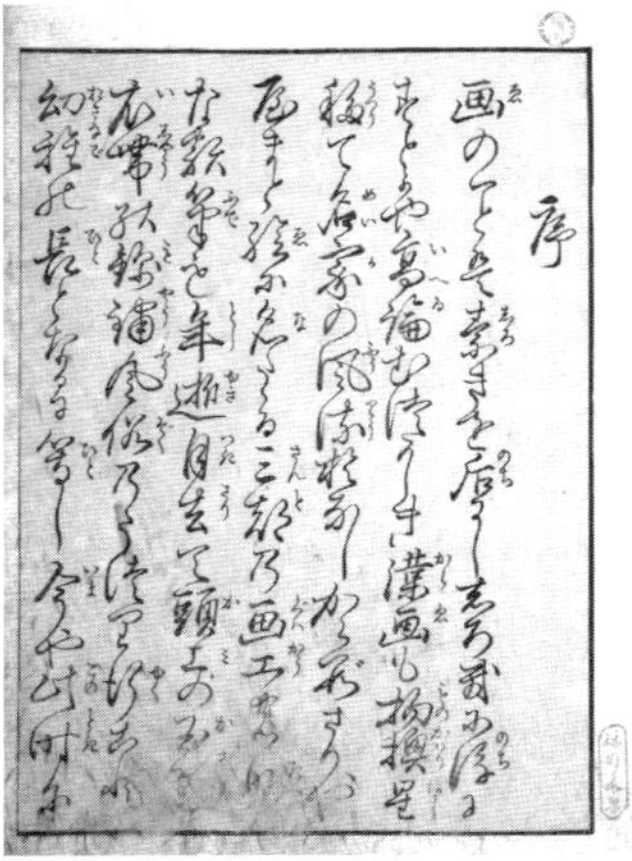
序

安永五歳丙申正月
書肆 耕書堂主人誌

『青楼美人合姿鏡』　安永5年（1776）／錦絵本／国立国会図書館蔵

序

画のことは素《しろ》きを后《のち》にし、しろきに後《のち》にすとかや高論《いへる》むつかしき漢画も、物換星移《ものかはりほしうつり》て名家の風流おなしからず。さりや、やまと絵に名だゝる三都の画工の妙なる筆も、年逝《ゆき》月去《さり》て、頭上《かみ》の玉簪《かざり》、衣裳の錦鞘《もやう》、風俗のうつり行《ゆく》こと幼稚《おさなご》の長《ひと》となるに等し。今や此時にときめける廓中の娼妓《きみ》の嬋娟雅歩《たをやかなるどうちう》、窈窕際坐《みやびやかなるざしき》の形姿《ありさま》を、又其道の今様に時めける北尾勝川二氏の彩毫《さいごう》を労して、月雪花の姿の三の巻となれるを、即美人合姿鑑と題して、其名も盛り久しかれと花さくら木にちりばめ、おのれも亦家の業にときめかむことをねがふ。将彼《はたかの》娼妓の、折にふれ、ことにつけて口ずさみ置る四時《しき》のことの葉を乞《こい》もとめて、其姿絵に神《たましい》を添《そゆ》るのこゝろは、おの〳〵をして昭君《しようくん》が後悔《くい》なく、是にむかふときは艶然として唇を動かさしむるにあらざらんやとしかゆふ。

安永五歳丙申正月

書肆　耕書堂主人誌

書名からも、この絵本が明和七年（一七七〇）刊、鈴木春信《はるのぶ》の『青楼美人合《せいろうびじんあわせ》』を強く意識したものであることは明白である。序文の前半、時代を追っての画風の変化と描かれる女性の髪飾りや衣裳の流行の移り変わりを述べ、本書は今全盛の遊女の美しい姿を、「今様」の描き手である重政と春章が画筆を揮《ふる》って三巻の絵本に写したことを言う。春信絵本の後を襲いつつも、最新のモチーフと流行の画風で仕立てたことを自負しているのである。

明和の中頃までに、浮世絵の様式がほぼ一斉に錦絵に切り替わったことは、江戸人にとって大きな「事件」であった。この変化とともに新たな画風をもって登場してきたのが鈴木春信であった。その頃十代半ばほどであった蔦重も、この「事件」を生々しく経験した一人であったろう。そして、吉原遊女の名と発句の入った画像集である『青楼美人合』は、範《はん》とすべき企画として、吉原の本屋となった蔦重の脳裏にとどまり続けていたものと思われるのである。

第二章　戯作の名手、朋誠堂喜三二

明和期（一七六四〜一七七二年）の江戸で、狂詩や狂歌、そして戯作《げさく》が武家の世界で流行しはじめる。漢学や和学の修練を積んだインテリによる戯れであった。漢籍の堅苦しい漢語を駆使してそのパロディとした文章は、洒落本という遊里風俗を主に描く短編小説を生み、同様の方法と発想で高度な諧謔を仲間内で競い合う遊びとなっていく。役者評判記や往来物、また青本がパロディの対象となり、そのバリエーションは広がっていく。また、インテリ町人もこの戯れに参加しはじめ、町の人々もこれらを読むことを嬉しがり、田沼時代の高揚感に包まれたこの町全体に戯作が流行していく。

蔦重が、これら流行の戯作類を手掛けていくに際して、大きな力となったのが秋田佐竹藩の留守居役である朋誠堂喜三二であった。

『江戸しまん評判記』

当時流行した戯作の一類に役者評判記のパロディがある。安永六年（一七七七）刊の『江戸《しまん》評判記』もその一つである。たとえば立役の部の巻頭極上々吉に呉服商越後屋八郎右衛門を据えるように、江戸名物を位付けする遊びである。刊記に「五拾軒版」とあって吉原五十間道の蔦重版であることが分かる。蔦重の戯作出版の嚆矢である。

評判記の常として備わる開口《かいこう》と呼ばれる巻頭の戯文は「高慢斎《こうまんさい》が悟《さとり》は迂詐《うそ》でない本多《ほんだ》天窓《あたま》」と題されている。「高慢斎」は、前年正月に鱗形屋孫兵衛が出版した恋川春町の黄表紙『高慢斎行脚日記《こうまんさいあんぎゃにっき》』の主人公で、この『江戸《しまん》評判記』の挿絵も春町の手になるものと思われる。開口末に「八文字足跡述」と筆者名を記すが、これも戯作の常で、使い捨ての作名である。

安永五年刊の初物評判記『福寿艸《ふくじゅそう》』の開口筆者も八文字足跡である。この『福寿艸』跋文署名には「福寿堂鶴亀」とあって、その脇に「四十二之男」「厄払厄落」の二印がある。この年四十二歳の厄年であった朋誠堂喜三二が両書に関与していることは明らかであろう。以後の喜三二と春町の親交ぶりに照らせば、この時点ですでに二人は知り合っていて不思議はない。

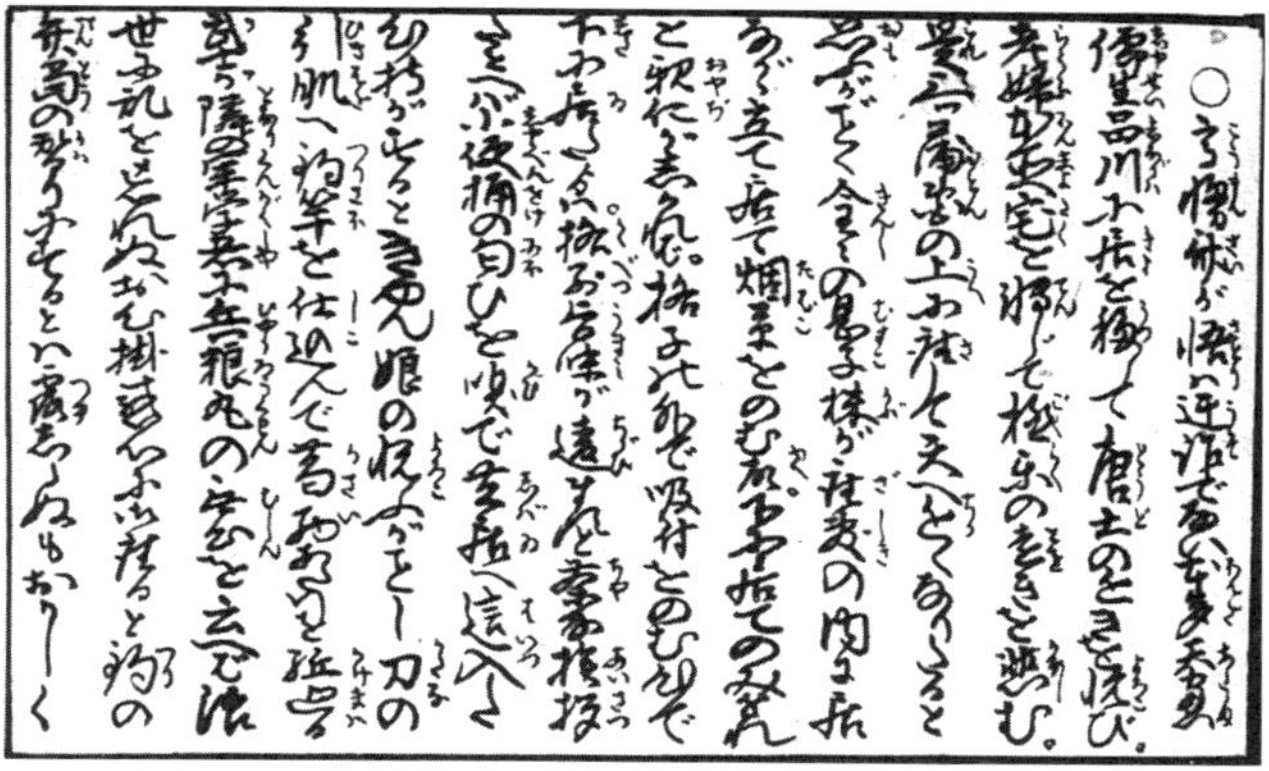

『江戸しまん　評判記』　安永6年（1777）／評判記／東京都立中央図書館特別文庫室蔵

朋誠堂喜三二は、秋田佐竹藩士平沢平格《ひらさわへいかく》の戯名である。享保二十年（一七三五）の生まれで、この安永六年は四十三歳である。安永七年には留守居助役となる。春町も駿河小島藩の江戸留守居役である。江戸藩邸詰で吉原に遊ぶことの多かった喜三二と春町、そして蔦重も含めた三者の接点も吉原であったことが十分に考えられる。

喜三二は月成《つきなり》の俳名で先輩格の佐藤朝四とともに俳諧に遊んでいる。駿河屋市右衛門ら吉原の俳諧好きなどを通じて彼らが知り合っていても不思議はない。出版事業を開始した吉原の名物本屋で、文事にも少々通じている蔦重と懇意な関係になるのは必然でもあったろう。当時、洒落本をはじめとする戯作類は作者の入銀で開版されるのが通例であった。この『江戸《しまん》評判記』も、喜三二が制作費用を支弁して蔦重に作らせたものかと思われるのである。

安永四年に『金々先生栄花夢《きんきんせんせいえいがのゆめ》』で春町が試みた草双紙の戯作化の挙は、草双紙の歴史を一変させた。全丁画像を伴うこの新しい戯作に遊ぶ者たちが一挙に現れ、大人向きの滑稽を喜ぶ江戸人たちの支持を受けた。そして、子ども向けの粗末な絵本であった草双紙が戯作の柱の一つとなっていったのである。

喜三二も、いち早くこの新たな戯作の作者となった。安永六年正月に『親敵討腹鼓《おやのかたきうてやはらつづみ》』や『桃太郎後日噺《ももたろうごにちばなし》』をはじめ七作の黄表紙を出しているが、いずれも黄表紙の歴史に残る上々の仕上がりのものであった。七作のうち六作については春町が画工を担当していて、二人の密な交流と、ともにこの世界に遊ばんとする意気込みをうかがえる。以後、喜三二は、春町とともに黄表紙をはじめとする戯作の作り手の急先鋒として人気を博していくことになる。

『手毎の清水』

『手毎《てごと》の清水《しみず》』という華道書は、安永六年(一七七七)三月の蔦重版である。本文末に「十

四歳童　清水景澄」とあって、彼が編者ということになる。本書には喜三二による序文と跋文が付けられている。序文によると、景澄は、六、七歳の頃から華道に執心で、十二、三歳頃にはこの道の趣を明《あき》らめて、十四歳の頃に初学を導くための歌七十六首を作ったという。そしてそれを抛入れの図と合わせて編んだのが本書であるということである。

しかし、本書は、安永三年に出版した『一目千本』の版木に手を入れて華道書に仕立てたものなのである。『一目千本』は、摺を重ねるような書籍ではない。その版木を最大限に利用して別の書籍に生まれ変わらせたわけである。清水景澄なる者は他に存在を確認できず、本書を制作するに際して烏有《うゆう》の人間をでっちあげたものなのであろう。序文で景澄の幼時からの華道精進ぶりを詳しく語るのも、もちろん喜三二の「創作」ということになる。

抛入れ流行の中、まだ蔵版書の少ない蔦重の版木使い回しに、喜三二が一肌脱いだといったところであろう。喜三二は、この吉原の本屋に一方ならぬ肩入れをしていく。蔦重は、上々の戯作の作り手と強く手を結ぶことになった。

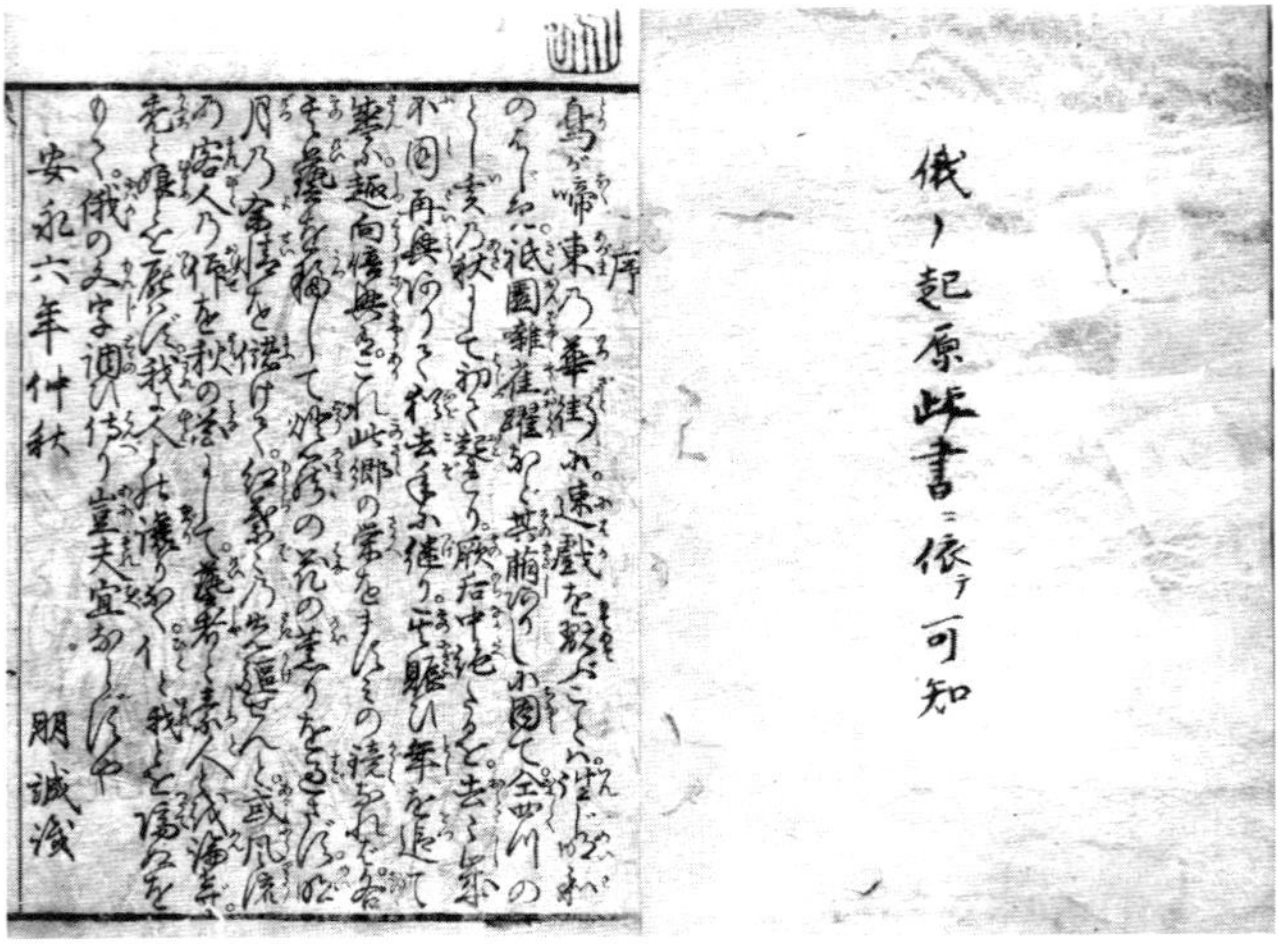

『明月余情』　安永6年（1777）／絵本／大東急記念文庫蔵

『明月余情』

『明月余情《めいげつよじょう》』は、この年八月に行われた吉原俄の番付で、三編三冊の絵本に仕立ててある。吉原俄は明和四年（一七六七）に秋の吉原年中行事のひとつとして行われるようになったものの、安永元年（一七七二）の大火で中断、安永四年に再興される。その時に発行されたのが先述した『急戯花の名寄』であった。翌年秋にも賑やかに執り行われ、『吉原春秋二度の景物』によれば、この時に俄の番付が発行されたらしい。これも蔦重が発行したものであったろうか。

『明月余情』に描かれた出し物の画像からは、その盛大ぶりと、催しに力を入れて集客を図ろうとする吉原の意気込みとが感じられる。初編の序文には吉原俄の沿革が述べられていて「去々歳不図再興《おと、しふとさいこう》ありて猶去年《なをこぞ》に継《つげ》り。其賑《そのにぎは》ひ年を追《をつ》て盛《さかん》に。趣向倍《しゆこうますく》〳〵興有《きやうあり》。これ此郷《このさと》の栄《さかへ》をますみの鏡《かゞみ》なれば」とあって、この行事の盛大がそのまま吉原の繁栄を意味することを語っている。行事に力を入れる吉原の思惑がどこに発するかは明白なのであった。

さて、この序文筆者は喜三二である。佐竹藩の江戸藩邸詰めで吉原通である彼はその役に相応しいが、それよりも、蔦重に対する喜三二の肩入れ具合のほうを重く受け止めるべきであろう。

『娼妃地理記』

喜三二が道蛇楼麻阿《どうだろうまあ》の筆名で編んだ『娼妃地理記《しょうひちりき》』は安永六年(一七七七)十二月序刊の蔦重版である。そもそも『一目千本』と『急戯花の名寄』の後継の遊女評判記の企画であったはずであるが、喜三二の一流の手並みによって上々の戯作、うがち満載の洒落本になっている。

題名は、雅楽の楽器の名である笙《しょう》・篳篥《ひちりき》のシャレで、同時に地誌のそれっぽい。吉原を、日本国ならぬ月本国という一国に見立て、各町を国、各妓楼を郡、遊女をその中の名所旧跡に見立てて地誌のパロディに仕立てている。本文冒頭には「扶桑東武《ふさうとう》の北にあたつてひとつの国あり」から始まる月本国の歴史（といっても、日本神話のパロディでふざけ散らかしているが）、続いて「月本国風土」と題して、『人国記』よろしく新吉原特有の風習や人情を調子のよい戯文で綴っている。

続いて吉原五町それぞれを一国に見立てた上で、それぞれの町に位置する遊女屋を郡に見立て、所属する遊女についての記事を名所めかして記述している。まずは「江町国」、これは江戸町のことで、その国名の下の割り注に「五州ともに中に一すじの大河を通してこれを両川といへり。此川の右にある郡を右川と云、左にあるを左川といふ」とある。町の通りを「大河」と言い立て、両側・右側・左側を川っぽく言い立てて戯れているのである。

「右川」の松葉郡、すなわち江戸町右側の松葉屋の記事を見てみよう。

▲染之助の城跡《しろあと》　此城あとのけしき世をふるに随ひ、しゆせうにてながめあり。似《に》せもの語《かたり》に曰、染之介といふ文字を句のかみに置て城あとの心をよめとありしかば、

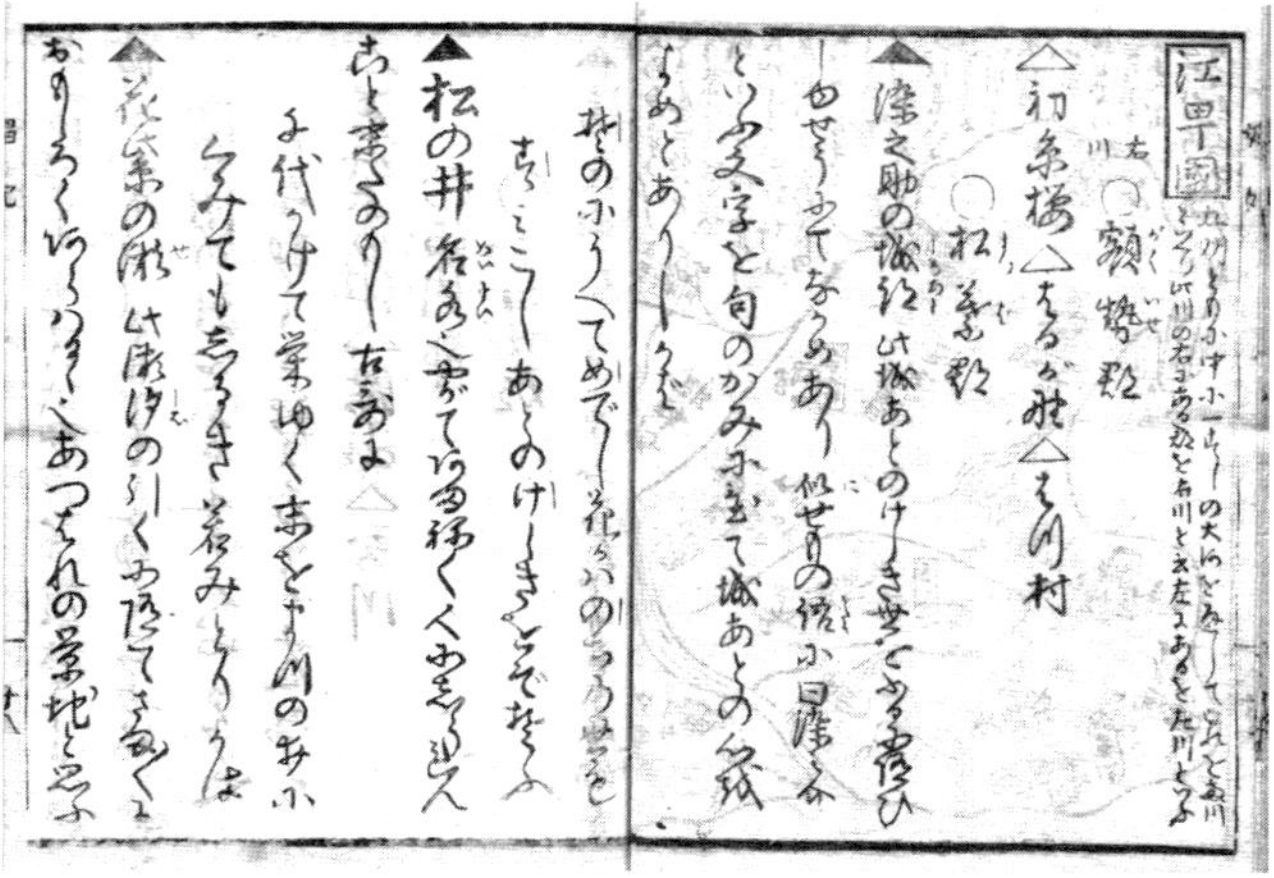

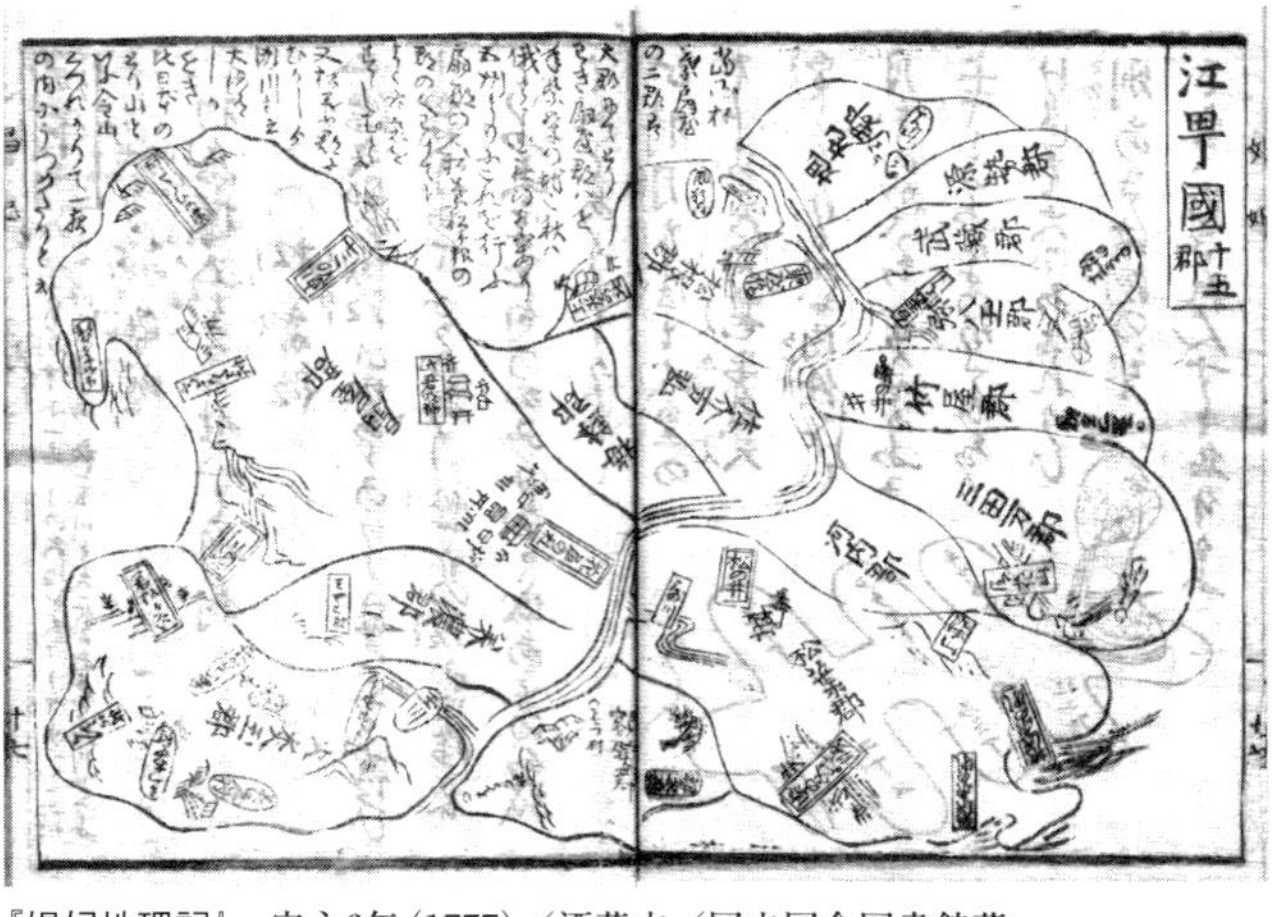

『娼妃地理記』　安永6年（1777）／洒落本／国立国会図書館蔵

そのにうへてめでし花かはのちの世も
すみこしあとのけしきをぞそふ

染之助は松葉屋の筆頭、最高位の遊女昼三《ちゅうさん》である。その名を戦国武将の名と取りなして、その城跡とこじつける。その景色を殊勝で良い眺めであるとして、染之助の容姿の美しいことを言う。典拠を示してそこから故事来歴を引用するのは地誌の常道であるが、ここでは『似せもの語』なる烏有の古典を設定し、『伊勢物語』の「かきつばた」の折句《おりく》のパロディとする。

名所・古跡由縁の古歌を引くのも地誌の常であるが、この作品の随所に置かれている歌は喜三二自作のもののようで、かなり達者な詠みぶりである。後に手柄岡持《てがらのおかもち》という狂名で狂歌に遊ぶことになる彼の歌の素養がうかがえる。

▲松之井　名水《めいすい》也。やがてあまねく人にしられんこと末たのもし。古歌に

千代かけて栄ゆく末をまつの井に
くみてもしるき若みどりかは

松之井を名水を汲み出せる井戸と言い立てる。松之井も昼三、安永五年秋の吉原細見では昼三の五番目であったものが、安永六年秋の細見では二番目となっている。代替わりしたものであろう。その新人について、すぐに有名になるであろうと、その全盛を予祝しているのである。

▲花紫の瀬《せ》　此瀬、汐《しほ》の引くに随てさま〴〵におもしろくあらはるゝ也。あつぱれの景地と思ふに、又汐のさし来ては此ながめをかくす。此さしくる汐を押《おし》もどしたきと、はがゆく思ふ様なり

浅き瀬の影をふかしと人や見ん
はなむらさきにたてる藤なみ

花紫は、安永六年秋細見では昼三の三番目。「花紫の瀬」なる美景の名所とし、彼女を揚げて遊ぶ客をその浅瀬を隠す汐に見立てる。

すべてこの調子で、実際の遊女に関わるうがち、そして見立てと教養に裏打ちされた言

葉遊びの妙とが、品格のある滑稽をもたらしてくれている。上々の戯作である。

『気の薬』

幕臣の木室卯雲《きむろぼううん》や町人の小松百亀《ひゃっき》らが集って、持ち寄った小咄《こばなし》を披露する会が明和の末から行われるようになった。武士も町人も入り混じって同好の趣味に戯れるこの当時らしい会の一つである。明和九年（一七七二）に出版された『鹿子餅《かのこもち》』は、この会で披露された小咄の秀作を編んで一冊としたもので、江戸小咄本の嚆矢となった。小本《こほん》一冊の体裁は洒落本と同じで、同様の戯作として発想されたことが明白である。これ以後新たな戯作の一類として、この様式の咄本が盛んに制作されていく。卯雲や百亀だけではなく、大田南畝も数編これに手を染めている。

さまざまな分野の戯作に手を染めた喜三二が編んだ咄本が『気の薬』で、安永八年（一七七九）正月の蔦重版である。黒狐通人と序に署名するが、天明三年（一七八三）春細見の広告に、本書を喜三二作としているので、黒狐通人とは彼の一時の戯名である。「西瓜屋」という咄を紹介しておこう。

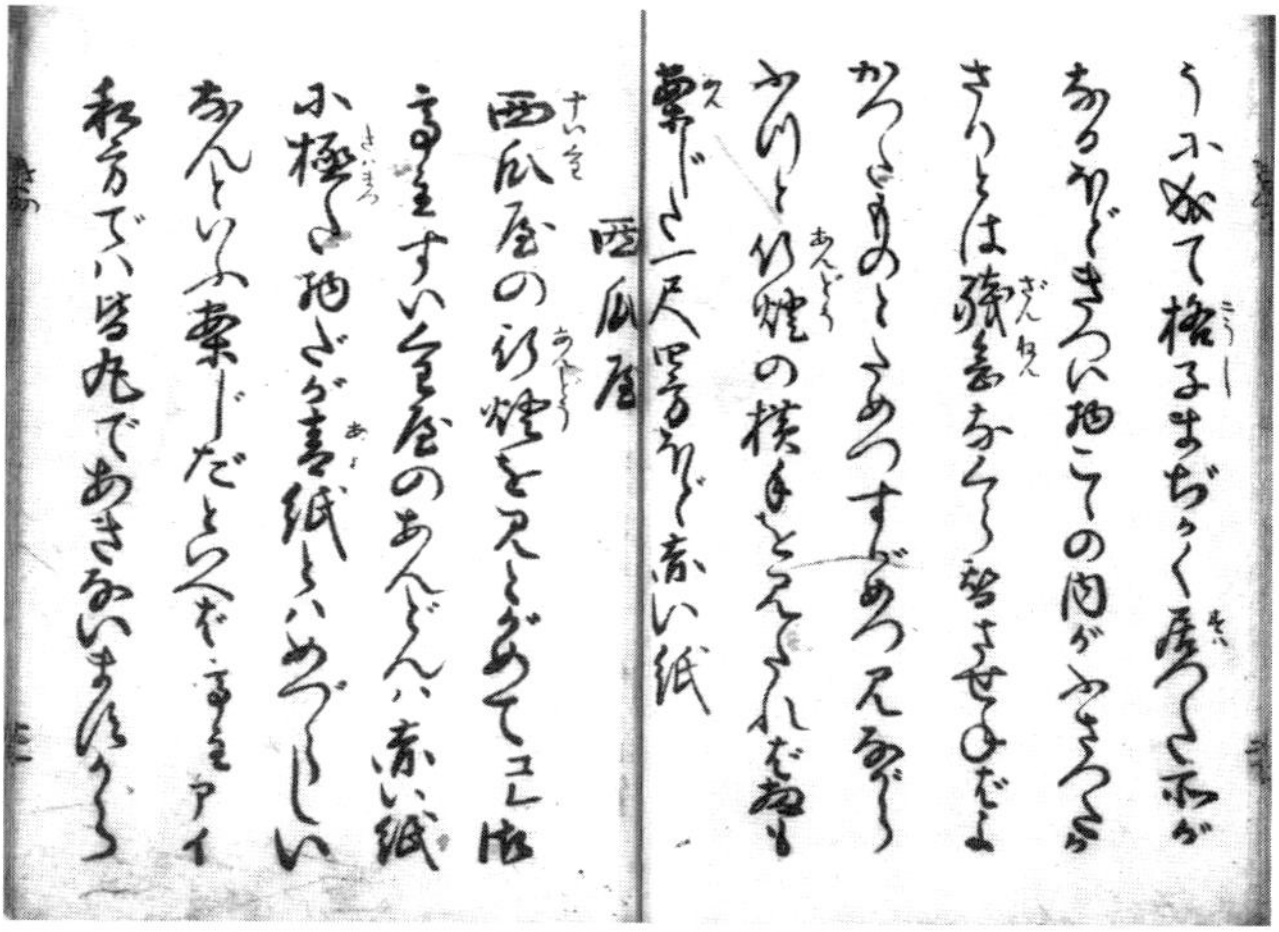

『気の薬』　安永8年（1779）／咄本／東京都立中央図書館蔵

西瓜屋《すいくわ》の行灯《あんどう》を見とがめて、「コレ御亭主、西瓜屋の行灯は赤い紙に極《きはまつ》た物だが青紙とはめづらしい。なんといふ案じだ」といへば、亭主「アイ、私方では皆丸であきないますから」。

西瓜の赤い切り口を一層映えさせるのに、赤い照明を用いるのは西瓜屋の常套であったが、この店は切り売りせず丸のまま売るので緑を際立たせるという落ち。

蔦重という若き本屋と親しい関係になった喜三二は、戯作に対する熱量を大いに高めていった気配である。戯作の世界を主導してもっとも勢いのある一人である喜三二が蔦重版を舞台として戯作の世界に遊んでいたことは、蔦重版全体に横溢するこの時代の華やかさに大きく寄与するものであった。また、安永七年春吉原細見『人来鳥《ひときどり》』以後、吉原細見の序文筆者を喜三二は続けていく。彼は蔦重版の看板として機能していくのである。

第三章　富本正本・稽古本の隆盛

安永の中頃から、江戸浄瑠璃の一つ富本節《とみもとぶし》の人気はうなぎ登りとなる。

江戸浄瑠璃の富本節は、豊後節《ぶんご》の一流である。明和三年（一七六六）に初舞台を踏んだ富本豊前掾《ぶぜんのじょう》の実子午之助《うまのすけ》は、美声の名手として安永期から徐々に人気が高まり、豊前掾の高弟斎宮太夫《いつきだゆう》の援助を得ながら、富本節を全盛に導いていく。この安永六年（一七七七）には豊前太夫を襲名する。

蔦重は、この若き太夫と提携関係を取り結び、初演時に出版される正本《しょうほん》発行の権利を得たのである。両者を結び付けたのがどのような事情であったのかは分からない。吉原芸者を管理・統括する見番設立のタイミングでもあり、富本芸者採用に際しての挨拶に豊前太夫が吉原を訪れたのかもしれないし、芸者連が活躍する俄の機会に関係を結んだのかもしれない。

いずれにしても、これから富本の大流行が巻き起こるというタイミングで正本版元となったことは蔦重の今後の営業に大きな意味をもつことになる。天明七年（一七八七）刊蔦重版の狂詩集『通詩選諺解《つうしせんげんかい》』戯注に「富本豊前太夫門弟、富本豊の字をおかす娘、八百八町の出格子にみち〳〵たり」とあるように、以後大流行の中、富本の芸者も数を増し、市中に稽古所も多数でき、誰もが富本浄瑠璃を語る日が早晩訪れる。一冊あたりの価格は安価でも、大量の稽古本が買い求められたものと思われる。

このような薄冊は、本屋以外の店でも扱う商品となる。引き合いの強い商品であり、他の版元の商品の仕入れに際しても、有利な交易材料となったはずである。富本浄瑠璃は、蔦重店の経営を基礎から支えるものとなっていく。

豊前太夫にしても、江戸市中の版元ではなく、この時点で吉原の本屋であった蔦重を正本版元として選択したことが間違いではなかったことは、すぐに知れることになる。この本屋の仕掛けを加味して、富本人気は一層あおられることになる。

『夫婦酒替奴中仲』・『夏柳夢睦言』

『夫婦酒替奴中仲《みようとざけかわらぬなかなか》』は現在確認しうるもっとも早期の蔦重版富本正本である。安永六年（一七七七）十一月市村座顔見世狂言「児華表飛入阿紫《ちごとりいとびいりきつね》」二番目に演じられた所作事《しょさごと》（舞踊劇）の浄瑠璃である。『夏柳夢睦言《なつやなぎゆめのむつごと》』は安永七年五月中村座芝居「国色和曽我後日《かいどういちやわらぎそが》　八百屋お七恋江戸染」二番目初演のもの。正本は、本文料紙と同じ紙で表紙を作り（共表紙）、その表紙には所作事の舞台姿を描く。両書とも画工名は記されていない。右端に太夫・三味

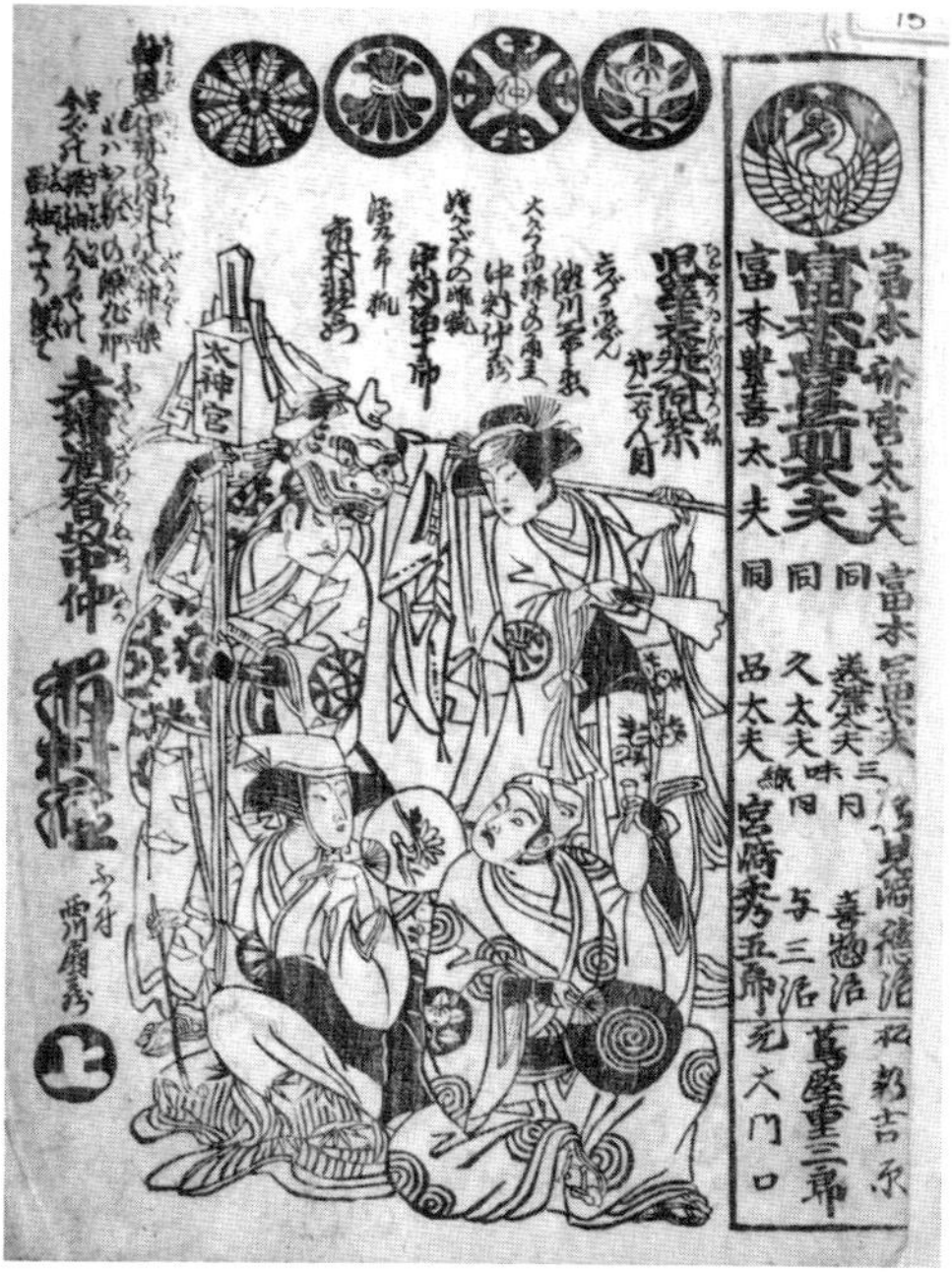

『夫婦酒替奴中仲』　安永6年（1777）／富本正本／東京大学教養学部国文・漢文学部会・黒木文庫蔵

線方連名を枠取りして記載し、下に「板元　新吉原大門口　蔦屋重三郎」と記載がある。以後も富本の名曲として愛されていく『夫婦酒替奴中仲』は新たな太夫誕生と富本時代の幕開けを告げる画期的な曲となった。

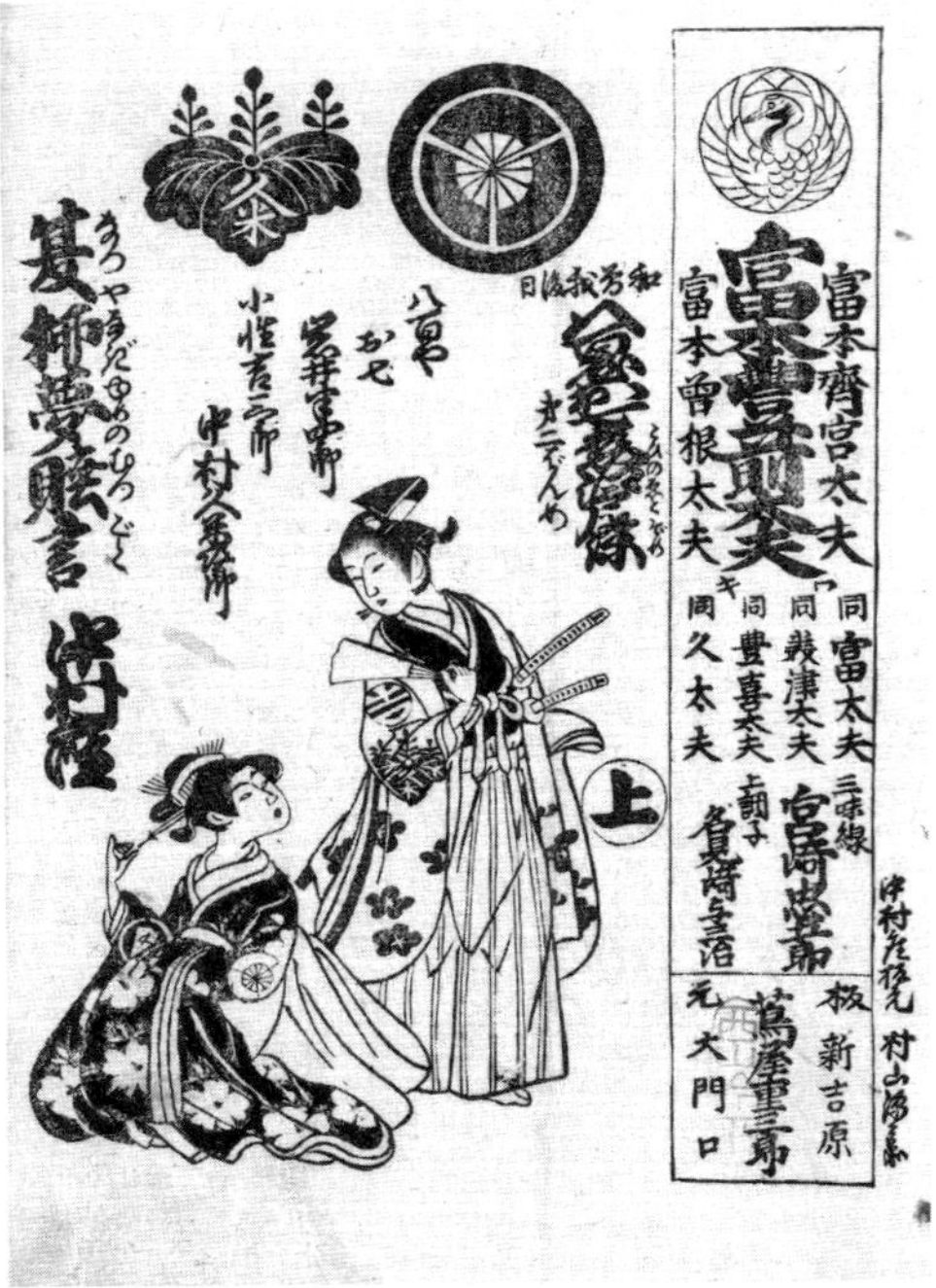

『夏柳夢睦言』　安永7年（1778）／富本正本／立命館大学アート・リサーチセンター蔵（arcBK02-0300-20）

『おはん長右衛門 道行瀬川の仇浪』

天明元年（一七八一）四月市村座芝居「戯場花万代曽我《かぶきのはなばんだいそが》」は大当たりであった。琴通舎英賀《きんつうしゃえいが》編『瀬川ぼうし』（天保三年／一八三二刊）は五代目瀬川菊之丞《せがわきくのじょう》追善の冊子で、代々の事績が記されている。そこに「市村座にて表に札を出し、寛永年中より百四十年の内、古今稀成大入と記す」とある。その二番目に演じられた三日替わりの趣向の道行きが大当たりの大きな要因であった。作者はいずれも桜田治助《さくらだじすけ》（俳名左交《さこう》）。瀬川菊之丞と、市川門之助《いちかわもんのすけ》・坂東三津五郎《ばんどうみつごろう》・松本幸四郎《まつもとこうしろう》の三人がそれぞれその相手を務める所作事で、一日目は「清十郎《おなつ》道行比翼の菊蝶《みちゆきひよくのきくちょう》」、二日目は「半兵衛《おちよ》道行垣根の結綿《みちゆきかきねのゆいわた》」、三日目が「長右衛門《おはん》道行瀬川の仇浪《みちゆきせがわのあだなみ》」であった。

天明三年刊蔦重版の大田南畝の狂詩集『通詩選笑知《つうしせんしょうち》』（後述）戯注に「今世に伝ふる瀬川のあだなみは、三日かはりの大入の時、左交述之、蔦十か板をもつて富本の正本とす」とあるように、前代未聞の大入りに寄与した『道行瀬川の仇浪』は後々までの語り草となるような名曲であり、富本正本版元蔦重の存在感を増さしめるものであった。正本は三冊いずれも北尾政演《まさのぶ》、後の山東京伝が表紙絵を担当している。

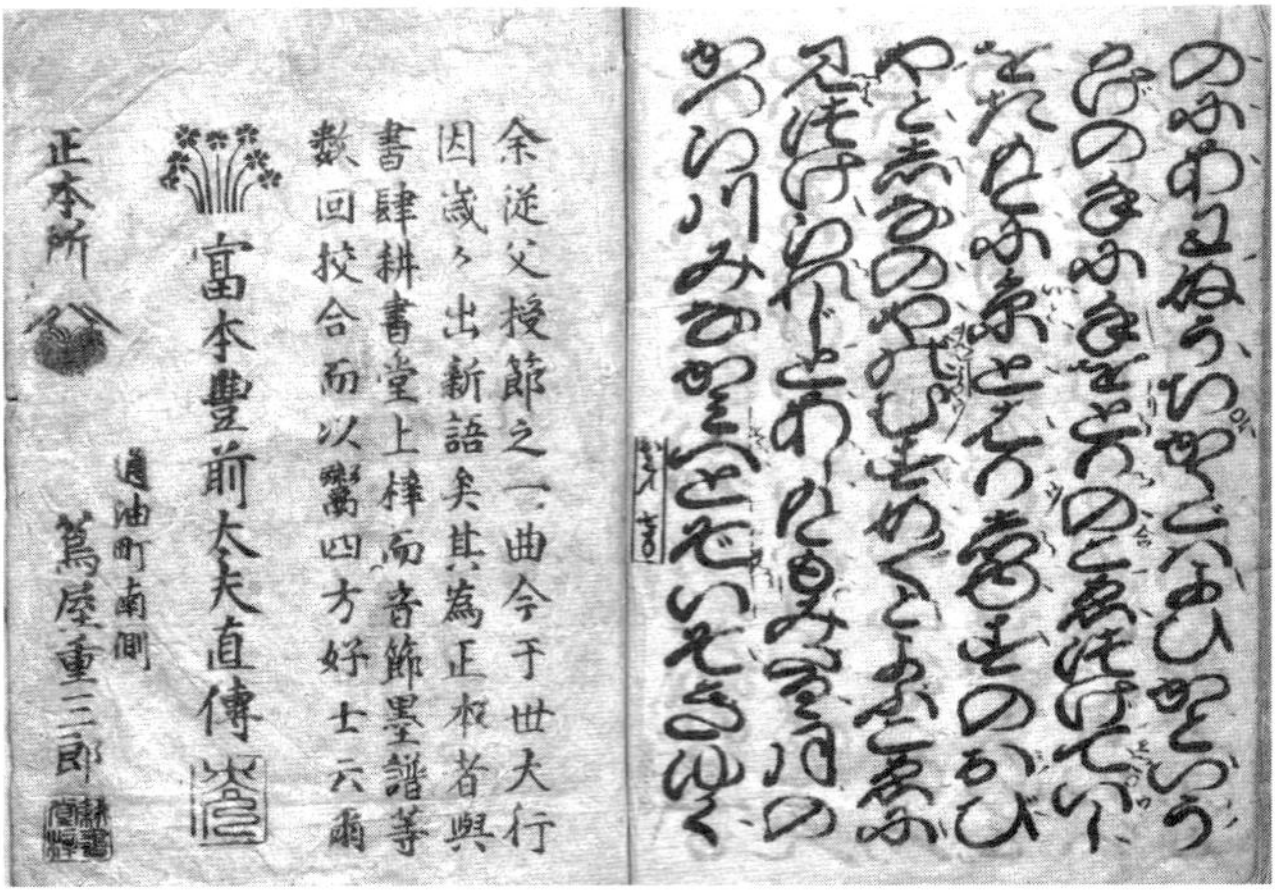

『おはん長右衛門　道行瀬川の仇浪』　天明元年（1781）初演／富本稽古本／名古屋大学附属図書館蔵

『睦月恋手取』

安永八年（一七七九）正月版吉原細見『扇《おうぎ》の的《まと》』巻末広告に「富本豊前太夫／古富本豊前掾門弟　富本斎宮太夫／正直伝／当流豊後稽古本、ふし事初心のけいこのため、くわしくしるし、亥の正月中旬まで出版仕候間、御求御覧被遊可被下候奉希候。已上／板元　耕書堂」とあって、この年から富本浄瑠璃の稽古本を出版するようになったと思われる。

稽古本は広告文にあるように、詞章に節付を施して、大字で印刷し、稽古の頼りとするものである。新吉原時代の蔦重版稽古本で唯一確認できたのが国立音楽大学竹内道敬寄託本『梅川忠兵衛 道行恋飛脚《みちゆきこいびきゃく》』である。これは安永九年初演の浄瑠璃である。『睦月恋手取《むつましづきこいのてどり》』は、天明二年（一七八二）十一月中村座「五代源氏貢振袖《ごだいげんじみつぎのふりそで》」初演の富本浄瑠璃である。桜田治助の作詞、岩井半四郎《いわいはんしろう》と瀬川菊之丞による春駒の所作事は大評判を呼んだ。作詞の趣向は、当時実在の吉原遊女の名寄せであった。山東京山《きょうざん》『蛛《くも》の糸巻』は、

桜田妙作にて、よし原の遊女名よせの春駒、両人の所作奇々妙々いふべからず。（中略）さて、右遊女名よせの文句にのりたるは、若紫玉や○千山丁子や○ひなづる同○九重同○もろこし同○丁山同○な丶里扇や○若松同○れん山同○濃《こ》紫玉や○花紫同○たが

袖大もんじや○かほる同○花扇二代同○若紫わかなや○白露ゑちぜんや○くれなゐ同○すがた野、○都路、○あげまき、○瀬川松ばや○かめ菊、○すが原、○江川、○ときは木、○かたらひ、○春日野松ばや以上廿七人、いづれも時名《じめい》の妓《ぎ》、みせにつかず、仲の町をはりたる遊女ども也。右の遊女ども、此度天明二寅顔見せの上るり名よせに入れられたれば、作者桜田治助へ謝礼あるべしとて、花扇時に十九歳が番頭新造花町しかじかのよし、あるじに云ひければ、此方のみにて他を袖になさんはいかゞ也、五町にはからせよ、と墨河がいふにしたがひ、五町はせまはり、名の出し遊女廿七人、一人三百疋づゝ桜田へ贈る時、其禿ども、よし原のすがたにて廿七人、幷五町おの〳〵やりて一人、わかいものも付そひ、中村座二階さじき七間つゞきにて一日見物しけるにさじきに白がねの花咲たるが如しと、其比街談《がいだん》噪々《さう〳〵》たり、天明の時勢を知るべし、桜田ははからず廿金ばかりをえ、此上るりよし原はさら也、世上にはやり、板元蔦や重三郎も通油町大金をえたりときゝぬ。

と記している。できすぎた話である。作詞の趣向は、蔦重が桜田治助へ働きかけて実現したものなのではなかろうか。吉原の版元蔦重らしい吉原の広告にもなる仕事である。名の出た遊女の禿《かむろ》二十七人の芝居見物という派手な演出まで含み込んだ、世の評判を呼び込む蔦重得意の仕掛けである可能性が低くはないと思われるのである。

図版に示したものは稽古本である。この浄瑠璃の流行はそのまま正本・稽古本の売上げに直結したのであるが、それは一過性のことではない。富本浄瑠璃の流行は、江戸中に富本豊前太夫の弟子たちによる稽古所の叢生《そうせい》をもたらし、富本愛好者の裾野は広がっていく。名曲の稽古本は長く売れ続けることになるのである。

『睦月恋手取』 天明2年（1782）／富本稽古本／名古屋大学附属図書館蔵

第四章　黄表紙と往来物

安永四年（一七七五）に鱗形屋孫兵衛から出版された恋川春町画作『金々先生栄花夢』は、先に少し触れたように、新たな戯作を生み出した画期的な発明であった。

当時の草双紙は萌黄色の表紙で青本と呼ばれていたが、この作は青本のパロディ、戯作化であった。子ども向けの粗末な絵本である青本の器の中に、遊里風俗、大人の笑いを盛り込んだのである。画像表現によるうがちと滑稽が可能なこの新たな戯作を試みる者たちが以後続出し、世間もこの新たな戯作を喜んで迎えた。青本の作風はここに一変し、国文学史では、この『金々先生栄花夢』以後の青本を黄表紙と呼んで、別の一ジャンルとする約束である。

江戸では、江戸でできた草紙類を地本《じほん》と称していた。「地」は地酒の「地」と同じで、地元で生産されて地元で消費されるということを意味する。文化的なものを京都下りのものに依存するしかなかった人工都市江戸が抱えていた劣等意識の産物である。地酒が、本来、京都出来の下り酒とはちがって、田舎出来の粗末なものであるという卑称であったのと同様、地本は下《くだ》り本には及ばない粗末な「くだらない」草紙であるという意味合いであった。

浮世絵が江戸自慢の物産となった近世中期には、そのような劣等意識は希薄になり、地本は、むしろ江戸自慢の意味合いすら持つ言葉になっていった。草双紙も江戸市中の地本問屋が手掛ける典型的な地本であった。蔦重は黄表紙の出版を始めていく。江戸市中の地本問屋ではなく吉原の本屋がこのような地本の版元になるというのは、前代未聞のことであった。

『伊達模様 見立蓬莱』

安永九年（一七八〇）正月、蔦重は黄表紙出版に乗り出す。この挙は、喜三二を作者として得て、この先の見通しを得られたところが大きいと思われる。

袋入本（上紙に摺られた黄表紙の豪華版で、合冊して錦絵摺の袋をかけて売り出す）として、喜三二作品の『廓花扇之観世水《くるわのはなおうぎのかんぜみず》』・『鐘入七人化粧《かねいりしちにんげしょう》』の二作のほか、喜三二作品の『龍都《たつのみやこ》四国噂《しこくうわさ》』をはじめとして、『夜野中狐物《よのなかこんなもの》』・『威気千代牟物語《いきちよんものがたり》』・『虚言八百万八伝《うそはっぴゃくまんぱちでん》』・『伊達模様

『伊達模様　見立蓬莱』　安永9年（1780）／黄表紙／国立国会図書館蔵

見立蓬莱《みたてほうらい》』の黄表紙仕立ての五作を出版する。それに加えて、前年刊行した咄本『青楼吉原咄』を再利用して二点の黄表紙に仕立てた『舛落《ますおとし》はなした子《ね》』・『口合《くちあい》はなし目貫《めぬき》』を出版している。

黄表紙仕立てのものは、標題を記した縹《はなだ》色地の短冊型のものと方形の絵のものと二枚の題簽《せん》が表紙に貼られている。この様式は、鱗形屋版の草双紙の特徴的な体裁であった。天明元年（一七八一）刊の黄表紙評判記『菊寿草《きくじゅそう》』開口にも鱗形屋版の草双紙について「汝ばかりは古風を守り、赤い色紙に青い短冊」とある。安永七・八年のものは他の版元同様標題とも一枚の絵題簽にしているが、それ以前までは、標題と絵と別々の二枚を表紙に貼付するのが鱗形屋版独自の特色であった。

　この安永九年、鱗形屋から黄表紙の出版はない。それに替わるように蔦重の黄表紙出版が始まるわけであるが、蔦重版の、鱗形屋版をことさら踏襲したような体裁はその交代劇を世に示しているのである。この当時の地本問屋は公認の仲間組織を結成していなかったが、同業内で、営業品目がいたずらに競合しないような調整が行われていた節がある。地本問屋がみな浮世絵の出版を勝手に行うことはしておらず、黄表紙を手掛ける店も軒数が限られていたようで、時期を通じてある程度一定している。株ではないが、それに近い利権があったものと思われる。つまり、黄表紙出版に関わる鱗形屋の利権を蔦重は譲り受けたのかもしれないし、あるいは鱗形屋が出版できないすきに乗じてこの分野に参入したものかもしれない。

『伊達模様見立蓬莱』には作者や画工の署名がなく、誰の手になるものか不明である。巻末は、この年出版する黄表紙の広告となっている。芝居の舞台を描き、右端に外題看板がある。上部に「左《ひだり》に記《しる》す短尺《たんじやく》の外題《げだい》は則是子年新版《すなはちこれねのとししんはん》／耕書堂《かうしよたう》ときこえしは花のお江戸の新《しん》よし原大門口《はらおゝもんぐち》と日本堤《にほんつゝみ》の中にまとふや蔦《つた》かづらつたや重三《じうざ》が商売《しやうばい》の栄《さかへ》」と据え、その下に「当世御絵双紙《とうせいおんゑさうし》」と「外題」を大書、その「外題」左脇には「御求御らん可被下候」とある。看板の奥には作り物の桜が置かれていて、そこに下げられている短冊に、この年の新版黄表紙の表題を記すという趣向である。舞台の幕を開けている男の後ろ姿には、入山型に「喜」の紋が見える。この当時の蔦重の屋標で、蔦重自身を裏方として登場させ、自ら黄表紙商売の幕開けを演じているわけである。黄表紙を含めて草双紙は毎年正月に新版が出されるもので、正月にふさわしい目出度《めでた》さでこの黄表紙もしめくくられるわけである。

喜三二という戯作者を得て、吉原の本屋が江戸の地本問屋の一角に食い込んできた。異例のことであるし、大きな話題となって、蔦重店の「当世流行」の印象をますます強めたことと思われる。

『鐘入七人化粧』

『廓花扇《くるわのはなおうぎ》之《の》観世水《かんぜみず》』と『鐘入七人化粧《かねいりしちにんげしょう》』は、この安永九年（一七八〇）新版の黄表紙で

『鐘入七人化粧』　安永9年(1780)／黄表紙／国立国会図書館蔵

喜三二の作である。両書とも袋入りの体裁で出されていて、本文十五丁の前に二丁の序文を備えている。翌安永十年(天明元年)、序文二丁を省き、『円通誓大通光 運開扇子花《うんはひらくおうぎのはな》』・『漉《すき》返柳黒髪《かえすやなぎのくろかみ》』と改題、通常の三冊本の黄表紙仕立てで再摺される。

『鐘入七人化粧』は、安珍清姫の道成寺《どうじょうじ》伝説の筋を柱としながら、これに、さまざまな説話や伝説を吹き寄せ絡み合わせて仕立てた作である。さまざまな世界をストーリーの中に継ぎ合わせていく趣向には、この作者の機知と滑稽の才能とが見事に発揮されている。最後、「石橋《しゃっきょう》」「鷺娘《さぎむすめ》」「葛《くず》の葉《は》」など所作事等でお馴染みの化生《けしょう》の女性が七人揃って道成寺に押しかけ、揃ってふざけた長唄で所作事を演じた後、揃ってお約束どおり鐘の中に飛び込むという場面が馬鹿馬鹿しさてっぺんのクライマックスである。

また、作中、瀬川菊之丞のさまざまな当たり役や、中村仲蔵《なかむらなかぞう》の大日坊など、芝居好きの江戸っ子を喜ばす要素をふんだんに取り入れていたりもして、軽妙でありながら濃厚で贅沢な笑いを提供してくれる。

『見徳一炊夢』

『栄花程五十年蕎麦価五十銭 見徳一炊夢《みるがとくいっすいのゆめ》』は、安永十年（天明元年／一七八一）の蔦重新版黄表紙で、作者は喜三二である。標題に明らかなように春町の『金々先生栄花夢』の趣向を引き継いだ作である。

『金々先生栄花夢』は、謡曲「邯鄲《かんたん》」を下敷きにして、目黒不動門前で粟餅の搗《つ》き上がるまでの短い時間に、栄華を極めた後に零落するまでの夢を見るという筋書きであった。その中で、江戸の遊里風俗などのモチーフを入れ込み、うがちに富んだ作に仕上げたのである。以来夢落ちは、黄表紙の十八番になった。

本作も同様に当然の夢落ちなのであるが、『金々先生栄花夢』を、パロディ気味になぞりながらも、さらにひねりを効かせて機知に富んだ展開にし、読み手がうなるような巧みなエンディングの作品となっている。上巻早々、邯鄲の枕を貸して夢を商う商売の話となり、料金相応の夢を見させるあたりから噴飯物であるが、これ以上の紹介はネタバレになるので控えることにしよう。

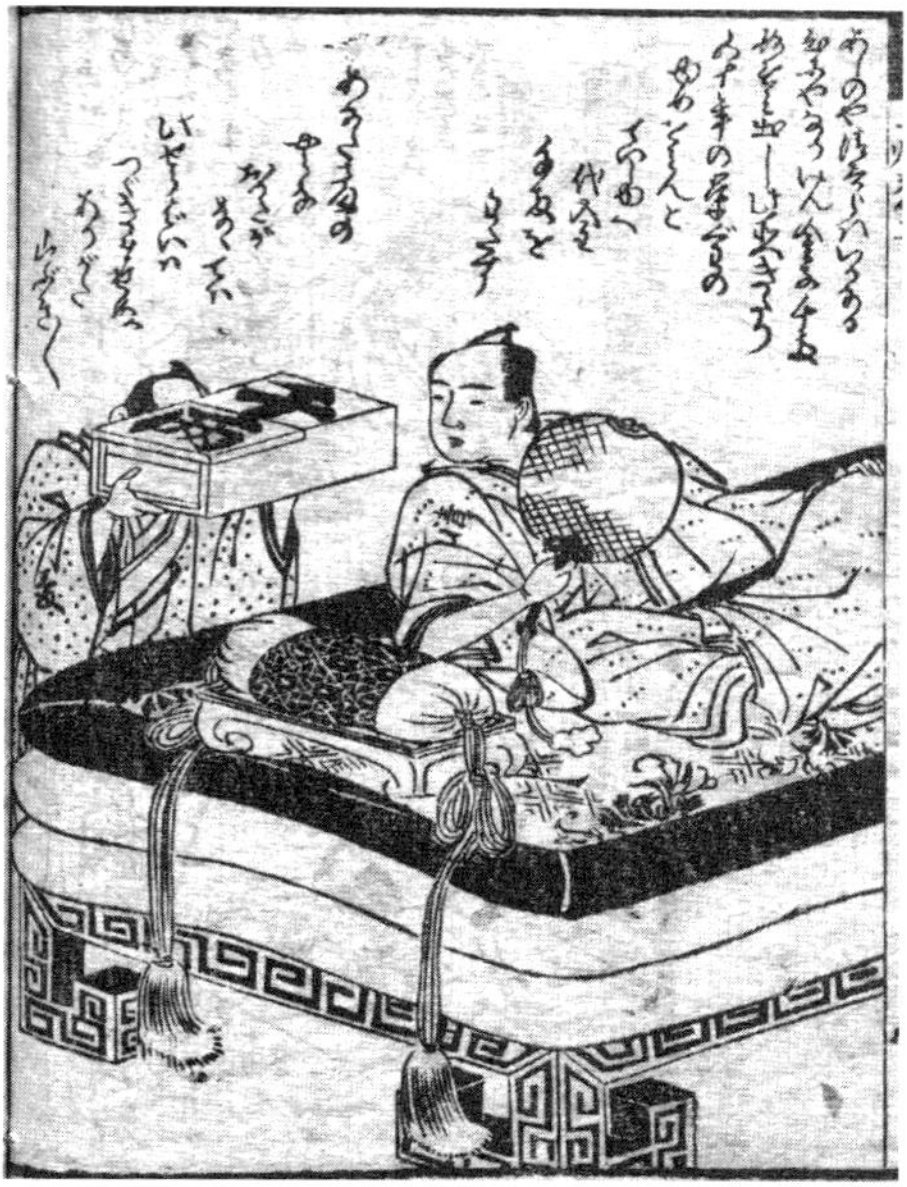

『栄花程五十年蕎麦価五十銭　見徳一炊夢』　安永10年（1781）／黄表紙／国立国会図書館蔵

この年、『菊寿草』という黄表紙の評判記が出る。この当時流行った役者評判記の様式を借りた戯作の一つである。この年新版の黄表紙全作を位付けし、「芸評」を添えたもので、編者は大田南畝である。『見徳一炊夢』は、立役巻頭極上々吉に位付けされ、この年一番の優秀作と評価された。前年袋入りで出版した『廓花扇之観世水』を黄表紙仕立てにして再版した『滝返柳黒髪』も若女形巻頭を飾るという快挙で、これを喜んだ蔦重が南畝宅に挨拶に訪れ、両者の交遊はここに開けることになる。

『耕作往来千秋楽』・『女今川艶紅梅』・『至宝商売往来』

往来物は、手習いや教養に資する幼童向けの書籍であり、江戸では地本問屋の出版物である。派手な商売ではないが、安定的な需要があって、長く摺りを重ねられる、売行きの着実な商品である。このような腐らないネタを蔵版していることは店の信用にもつながる。

蔦重は安永九年(一七八〇)、黄表紙出版の開始と同年に往来物の出版を始めていく。江戸の地本問屋の一角を占める存在になったことを示すものとも言えよう。以後、毎年のようにさまざまな種類の往来物の開版を重ね、蔦重が没する寛政九年(一七九七)までの間に

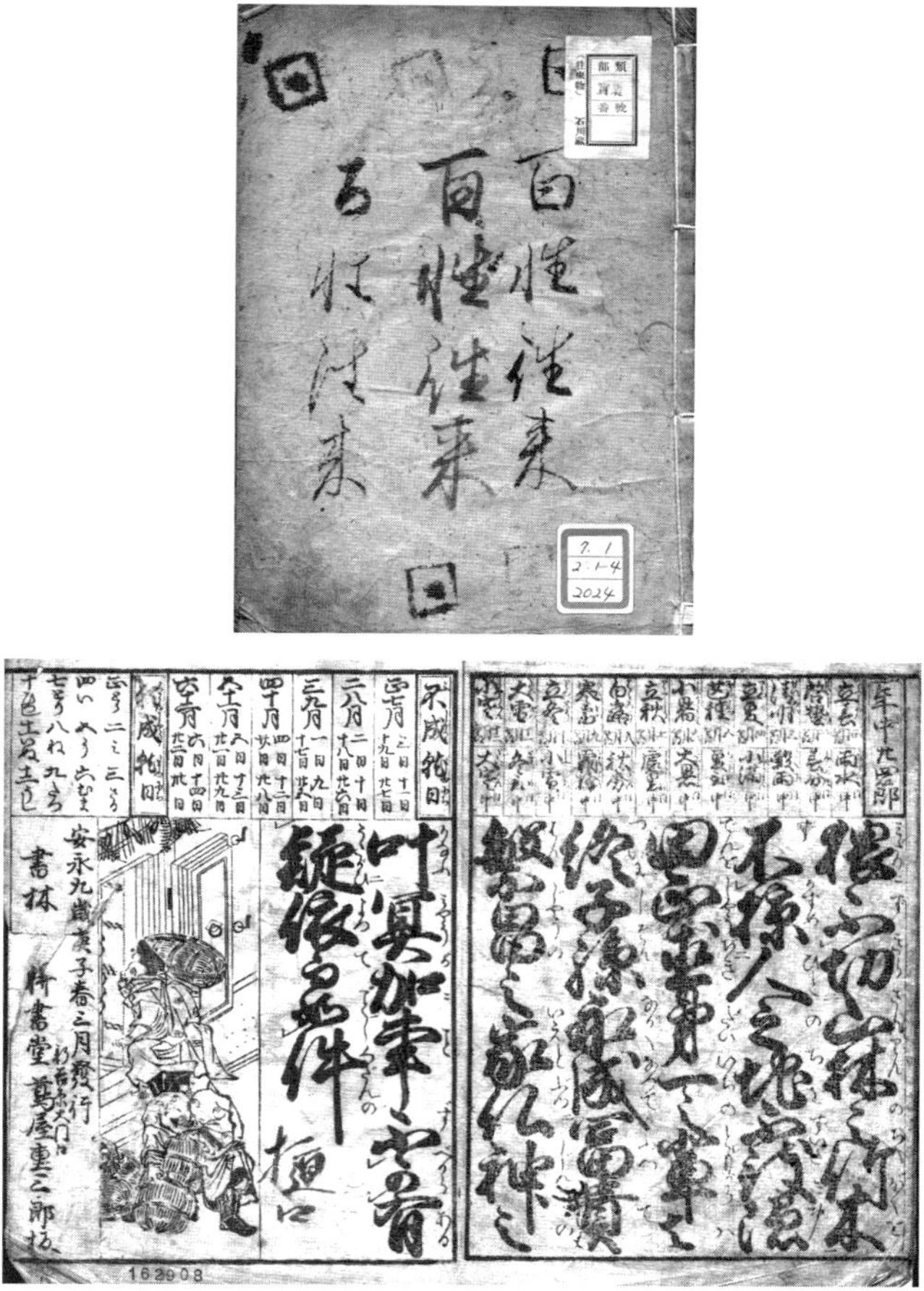

『耕作往来千秋楽（百姓往来）』 安永9年（1780）／往来物／東書文庫蔵／撮影：国文研

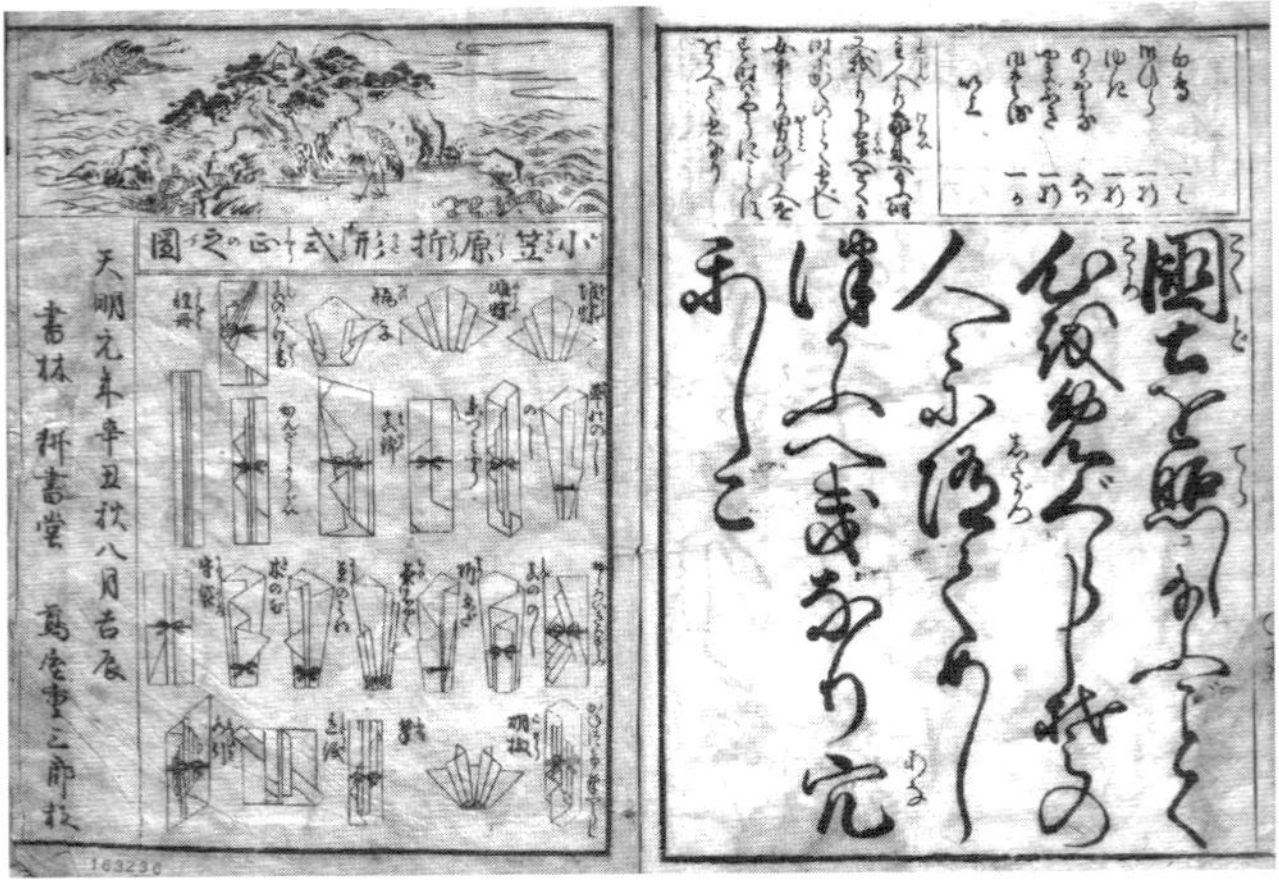

『女今川艶紅梅』　天明元年（1781）／往来物／東書文庫蔵／撮影：国文研

五十点ほどの往来物出版を確認できる。広告戦略ともいえるような派手な戯作出版の一方で、着実な経営基盤強化の積み重ねがなされているのである。

蔦重の往来物出版は安永九年三月刊『大《だい》栄商売往来《えいしょうばいおうらい》』『新撰耕作往来千秋楽《こうさくおうらいせんしゅうらく》』より始まる。いずれも中本一冊の手軽い出版物である。『耕作往来千秋楽』は、往来物の定番のひとつ「百姓往来」を本文とする。刊記には「安永九歳庚子春三月発行／新吉原大門口／書林　耕書堂　蔦屋重三郎板」とある。

「天明元年辛丑秋八月吉辰／書林　耕書堂　蔦屋重三郎板」という刊記を巻末にもつ『女今川艶紅梅《おんないまがわはでこうばい》』は大本《おおほん》（約二十七センチ

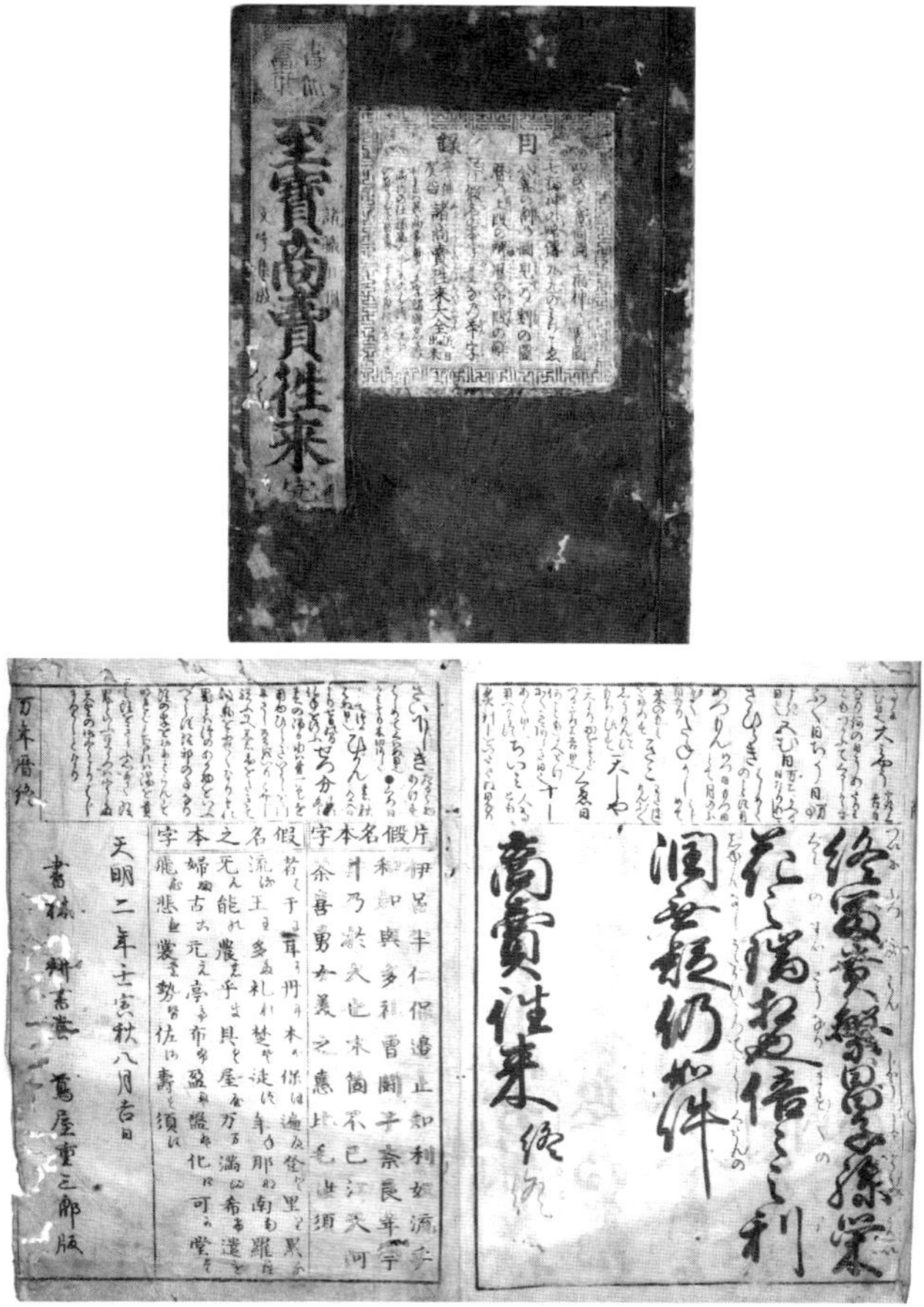

『至宝商売往来』 天明2年(1782)／往来物／個人蔵

×二十センチ）一冊の堂々たる本である。女子用の往来物なので、本文は平がな主体。口絵や頭書も女子向けの内容となっている。

「天明二年壬寅秋八月吉日／書林　耕書堂　蔦屋重三郎版」という刊記の『至宝商売往来《しほうしょうばいおう》来《らい》』も大本一冊の往来物である。「商売往来」はもっともポピュラーな往来物で、ほとんどの地本問屋が手掛けている。

往来物は手習いのテキストなので、その筆耕は、能書の者でなくてはならない。蔦重版に限らず、天明・寛政期の往来物筆者として活躍したのは北尾重政であった。筆耕名は版本にとどめていないが、蔦重版の往来物は口絵も含めて重政の筆に成ると思われる。なお、暦の細字は熟練の能書の手を要するが、江戸暦は彼が版下筆者であると言われている。

第二部　日本橋への進出

天明三年(一七八三)九月、蔦重は日本橋通《とおり》油町《あぶらちょう》に本拠を移す。老舗の地本問屋丸屋小兵衛の店舗と蔵を買い取った由、『近世物之本江戸作者部類』は伝える。新旧交代である。

大田南畝が撰文した蔦重の母親の墓碑銘に、蔦重について、「天明三年癸卯九月、居を城東通油町に移して一書肆を開き、競て快書を刻し大いに都下に行はる。都下の稗史を好む者、皆耕書堂を称す」(原漢文)とある、戯作好きの江戸人が第一に注目する店に仕立てあげたのである。また、続けて、吉原に入って破産した者は見るが、吉原から出て業を起こした者は初めてだ、とも述べている。

吉原の本屋の日本橋進出という「事件」は、十分世間の注目を集めるものだったし、それも狙いの内であったろう。ここから蔦重店の新たな展開、飛躍が始まる。

第五章　狂歌界の御用摺物所へ

天明三年（一七八三）九月の日本橋進出を派手に演出する段取りは周到に行われた。この正月の蔦重新版は、これまでに無い豪華なラインナップと点数であった。蔦重一流の話題作りである。流行最先端、当世本の版元として、吉原の本屋蔦重の存在を世に印象づけたのである。

この年、江戸で狂歌の爆発的流行が起こった。狂歌界の中心的存在である大田南畝（狂名四方赤良）と親しい関係を取り結んでいた蔦重は、この世界に深く入り込み、流行の狂歌本や狂歌入り摺物の制作を手掛けていく。また、恋川春町や朋誠堂喜三二などの戯作者も狂歌の世界に遊びはじめ、狂歌師たちも戯作に手を染めだす。身分にかかわりなく、武士・町人入り乱れての希有な文芸運動が江戸で展開しはじめる。蔦重はこの運動に深く関与し、その盛り上がりを演出していく。

『吉原細見五葉松』

吉原細見は、この正月新版の春版から蔦重の完全な独占出版となる。巻頭は「吉原細見五葉松序」と題した吉例の喜三二の序文である。その末に「大尽客《だいじんきやく》の千金《せんきん》に齢《よわひ》を契《ちぎ》る五町に五葉《ごよう》も相生《あひおひ》の松のちとせを重《かさ》ね〳〵てよろづ代易《かはら》ぬ題号《だいがう》とし細見の板元を寿侍《ことぶき》る」とある。蔦重の一手独占となった細見が以後不変の「五葉松」という題で固定されたこと、そして細見版元も以後不変であることを言祝《ことほ》いでいるのである。

この細見には異例の跋文が備わる。これは自筆を版下にした南畝の文章で、その中の「千代万世《よろづよ》もよし原細見」の語が端的に表しているように、喜三二の序文同様、祝言の跋文である。そしてこの後に、

細見祝言　　　　あけらかん江

五葉ならいつでもおめしなさいけん
かはらぬちよのまつのはんもと

という朱楽菅江《あけらかんこう》の狂歌が据えられている。これも丸っこい「の」の字が特徴的な菅江の

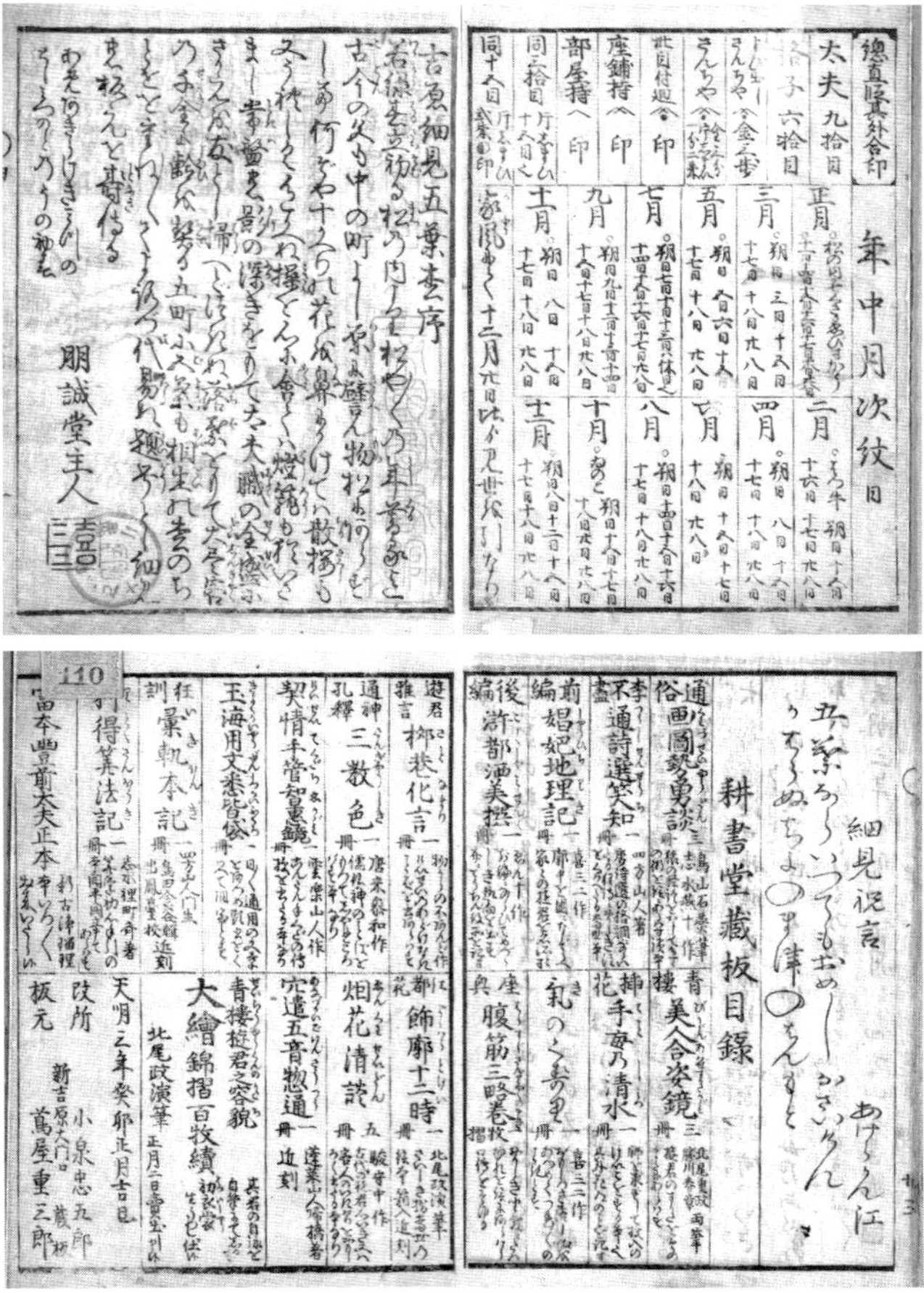

『吉原細見五葉松』 天明3年（1783）／（遊女）名鑑／国立国会図書館蔵

りである。

自筆に基づいている。「五葉」に「御用」、「お召しなさい」に「細見」をかけて、いつでも御用を承る版元蔦重の永久の繁栄を予祝しているわけである。菅江らしい軽妙な詠みぶりである。

市中で大きな話題となっている狂歌の重鎮二人と、目下蔦重とともに戯作の世界を主導している喜三二という鉄壁の布陣である。単なる吉原土産、単なるスケベ親父の情報源といった域にとどまらず、当代の流行を詰め込んで、吉原の文化的側面をアピールするものとなっている。そして、戯作・狂歌の世界とともにある版元としての蔦重を広告することにもなっているのである。

以前から蔦重は巻末に蔵版書の目録を掲載して吉原細見を広告メディアとして活用していた。天明二年秋版は後表紙見返半丁だけの目録であったが、この天明三年春版は、菅江の祝言歌を右端に置いての見開き一丁の仕立てとなる。旧刊のものや近刊予告のものも混じるが、鳥山石燕《とりやませきえん》の絵本、南畝の狂詩集、喜三二や唐来三和《とうらいさんな》などの洒落本等々、この年新版のものが並んでにぎやかである。

『廓𥶡費字尽』

この天明三年（一七八三）、蔦重は九点の黄表紙（袋入りを含む）を出版する。春町作品二点、喜三二作品三点、南畝作品二点、志水燕十《しみずえんじゅう》作品二点である。洒落本も含めて当時一番注目されていた戯作者を独占しての派手な出版は、蔦重得意の話題作りと見なしてよい。

春町画作の『廓𥶡費字尽《さとのばかむらむだじづくし》』を一場面紹介する。本作は、往来物『小野篁歌字尽《おののたかむらうたじづくし》』のパロディである。この往来物は部首を揃えてその旁《つくり》の異なる字を並べ、その読み方を和歌の形式で漢字とその訓を調子良く覚えさせるものである。たとえば、「椿《つばき》榎《ゑのき》楸《ひさぎ》柊《ひらぎ》桐《きり》」の一行に「春つばき夏はゑのきに秋ひさぎ冬はひらぎに同じくはきり」といった調子である。パロディである本作は、標題に「廓《さと》」の字を入れ、吉原の遊びを中心に場面を構成している。たけかんむりに「愚」を取り合わせて「ばかむら」と読ませる造字がよく出来ていて楽しい。

門がまえの漢字四文字を作っての場面を見てみる。門がまえに「笠」で「しのぶ」、「絵本」で「ほんといや」、「禿」で「つける」、「駕」で「いしやさん」。歌は、

忍《しの》ぶかさ《笠》。絵本《ゑほん》が本問屋《ほんといや》也。禿《かぶろ》がつける。駕《かご》がいしや《医者》さん

『廓簒費字尽』　天明3年（1783）／黄表紙／国立国会図書館蔵

絵は新吉原大門《おおもん》口を描いて、四つの漢字で大門に関係のある事物を吹き寄せている。深編「笠」は人目を忍ぶ姿。中央の男がそれである。遠国の高位の武士と見受けられる。「承わったより繁華な地でござる」などと、初めての吉原見物にたいそうご満悦な様子。お供の武士はその下役であろう、着流しの冴えない衣装に、これまた野暮な髪型をしている典型的な田舎武士である。この男が「コレがかの蔦屋サ。国方《くにかた》への土産を求めよふか」と指差しているのは大門口にあった「本問屋」蔦屋重三郎の店である。障子に富士山形に蔦の葉の屋標が見える。見世先に積み重ねられている商品は黄表紙で、これは田舎への恰好の江戸土産となる「絵本」である。

画面右端、二人の「禿」が大門に「つける」（見張りをする）様が描かれている。これは、馴染みの関係がすでにありながら他の遊女に渡り歩くような不義理をした客を摑まえようとしているのである。吉原の出入り口はここ大門一ヶ所しかない。「逃がして叱られさつしやんなよ」、「ナアニサ」と気合は入っている。

大門をくぐって廓内に「駕」で乗り付けられるのは「医者さん」だけである。駕かきが「頼む〱、エ、あぶねへ」などと言って、今大門をくぐるところ。後ろに付いているのは薬箱を背負った医者のお供である。

『柳巷訛言』

『柳巷訛言《さとなまり》』は、咄本の形式を借りた洒落本である。後序を書いている作者「ものからのふあんど」は喜三二の別号である。盟友春町が挿絵を担当しているのも嬉しい。同役の先輩佐藤朝四《ちょうし》が「知久良」の狂名で序文を書いているが、その中に「此書皆傾城《しょみなけいせい》の言《こと》にして、少《まれ》に遊客《ゆうかく》の語《ご》あり。全部実事《ぜんぶじつじ》にして一言《ごん》の私意《しい》を加《くは》へず、聞《きく》まゝにこれをしるして出所尤正《しゅつしょもつともたゞ》し」とあるように、遊女の遊里訛りや、彼女たちのあどけない言動を落咄めか

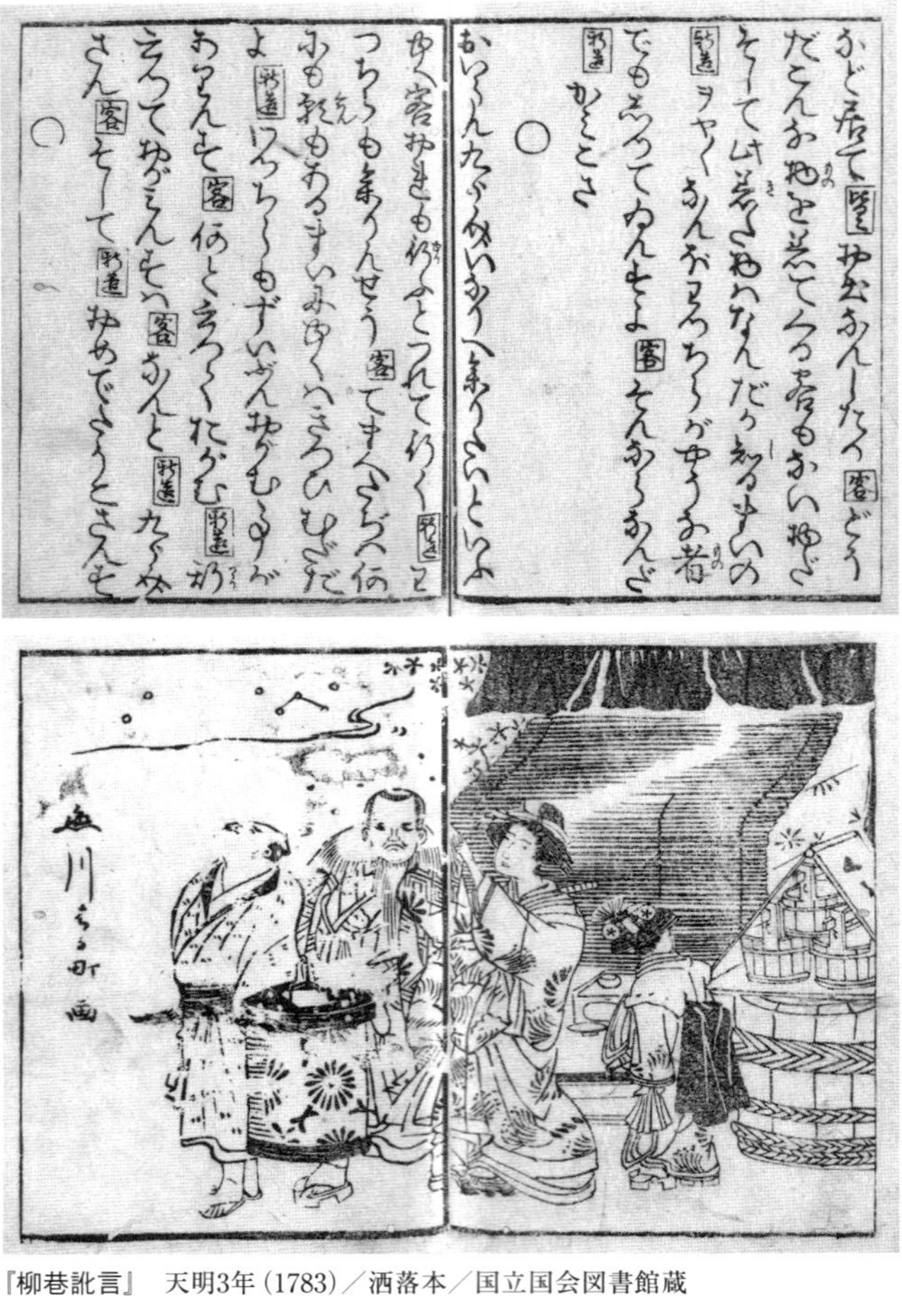

『柳巷訛言』　天明3年（1783）／洒落本／国立国会図書館蔵

して再現しようとした試みである。実際に耳にした言葉をすべてそのまま採録したものとも思えないが、さもあろうかと思わせるほどのリアルさがある。一つ二つ紹介する（適宜平がなを漢字に変え、句読点を施して読みやすくした）。

おいらん、九郎介稲荷へ参りたいと言ふゆへ、客、俺も行《ゆか》ふと連れて行く［新造］わっちらも参りんせう［客］手前たちは何も願《ぐはん》もあるまいに、行くはきつひ無駄だよ［新造］わっちらも随分拝む事がありんす［客］何と言って拝む［新造］こう言って拝みんすは［客］なんと［新造］九郎介さん［客］そして［新造］おめでたうござんす

九《く》郎《ろ》介《すけ》稲荷《いなり》は、大門の反対側の吉原のどん詰まり、水道尻《すいどじり》と呼ばれているところにあった稲荷社である。背伸びをして姉女郎のように拝みたいという新造《しんぞう》（見習いの遊女）、その拝む内容は新年の挨拶という落ち。洒落本らしい人物造形である。もう一つ。

新造、姉女郎の前で文を書きながら貧乏ゆすりをする。姉女郎見て、ばからしい、やめなんし、おいらはきつい嫌ひだよ〳〵、と言へども、新造、貧乏ゆすりの事とは気

がつかず、何をやめんすのだへ、と言へば、姉女郎、そのぢん〳〵ばしょりをさあどけないのは姉女郎も変わらない。貧乏ゆすりを「じんじんばしょり（爺端折り、着物の後の裾のほうを帯の結び目に挟み込むこと）」と覚えている。

『三教色』

この年正月新版の洒落本『通神孔釈三教色《さんぎょうしき》』は唐来三和の戯作初筆である。角《つの》書きの「通神」は通人と語呂を合わせて、遊女が安着を祈って手紙の封じ目に記す「通ふ神」という語をほのめかしながら、その「神」に、「講釈」に音を合わせた「孔釈」の二文字を合わせて、本作の登場人物天照大神・孔子・釈迦の三人を意味している。「三教色」は空海の『三教指帰《しいき》』の地口《じぐち》で、神儒仏の色遊びを意味している。標題だけでもうすでに曲芸的言語センスである。

作の内容は、天照大神が居候をしている孔子宅に釈迦がやってきて、三人（?・）で酒を酌み交わしているうちに、吉原行きの相談がまとまり、猪牙舟《ちょきぶね》（吉原通いによく利用された川舟）で吉原へ、越前屋に登楼して遊ぶという筋である。三聖が下世話な話題に興じたり、遊女

『通神孔釈　三教色』　天明3年（1783）／洒落本／国立国会図書館蔵

遊びをするという趣向も極めて馬鹿馬鹿しく楽しいが、それぞれの世界の言葉が気持ちよくはめ込まれて話が展開していくところが大きな見所で、この作者のなみなみならぬ教養の高さと戯作センスがうかがえる。まさに初筆にして名人芸である。

孔子宅、弟子の子路《しろ》が酒と肴を買いに出て行った後、孔子は「マアそこらをちと片付させへ。席正しからざれば不居《おらず》だ」と、酒を酌み交わす場を整えようと言うのであるが、「席正しからざれば……」は『論語』郷党編の「席正しからざれば、坐せず」のもじり。それを受けて天照大神が「私が祓ひ清め給へば埃《ごみ》といふ埃はあらじと思ふ」と祝詞《のりと》の文言をもじって座敷の掃き掃除を始める。釈迦は「和光同塵、神も塵にまじわるの」と混ぜ返す。天照大神を日本の光「和光」と取りなして、菩薩だけではなく「神」も俗世にまじわるんだなとしゃれたわけである。

箒を使っている天照大神は「ホンニぢぢむさへ。老子が内へ行つたよふだ」と男世帯の掃除不行き届きを老子の家の乱雑ぶりを引き合いに出して文句を言っている。すると釈迦が「老子や荘子には久しく会はねへ」と言い、それを受けて孔子が「周へ尋ねて行つた事があつたつけ」と言うが、これは『史記』に載る故事である。このような調子でこの会話体の洒落本は話を進めていくのである。

三和はもと高家《こうけ》衆に仕えていた武士であると伝えられるが、もうこの頃には武家身分を捨てていたものと思われる。おそらくは、同じく俳諧の世界に遊んでいた歌麿や燕十の取り持ちで、食い詰めた三和は蔦重の許に厄介になっていたのであろう。本書の挿絵は歌麿、序文を燕十が書いている。その序文には三和の経済的逼迫ぶりがほのめかされているのである。

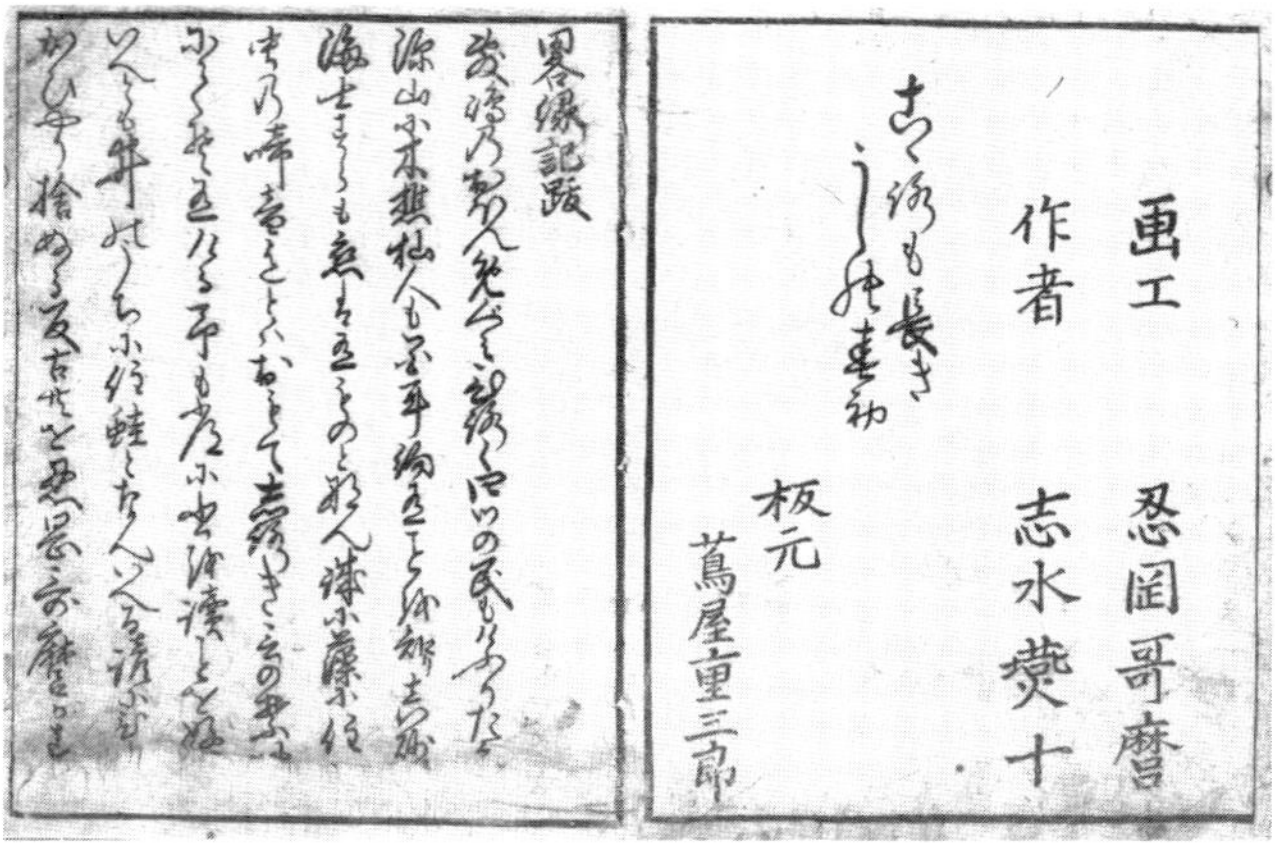
画工　忍岡哥麿
作者　志水燕十
板元　蔦屋重三郎
略縁記跋

『身貌大通神略縁記』　天明元年（1781）／洒落本／東京都立中央図書館蔵

『身貌大通神略縁記』

歌麿の生年は不明であるが、江戸座の俳諧宗匠燕志《えんし》の明和七年（一七七〇）の歳旦帳『ちよのはる』の挿絵に「少年　石要画」の落款が見られる。石要《せきよう》は歌麿の初期の号と言われている。「少年」という肩書きから察すれば十歳前であろうか。とすれば蔦重の十歳ほど年下であろう。天明四年（一七八四）七月刊蔦重版、吉原大門口脇の酒屋家田屋の息子で狂名大門際成《おおもんのきわなり》の追善狂歌集『いたみ諸白』の制作に尽力したのが歌麿で、際成とは旧知の仲であったものと思われる。

歌麿は喜多川姓で、蔦重と同じである。蔦重の養家の人間、もしくは蔦重の養家と近い親戚だったのかもしれない。天明元年以後、歌麿は蔦重の出版物に大きく関わることになる。

天明元年刊『身貌大通神略縁記《みなりだいつうじんりゃくえんぎ》』は、寺社が参詣客に頒布したり出開帳の時に頒布したりする略縁起（寺社、またその宝物の由来を記したもの）のパロディで、開帳案内者の口上の調子で当世風俗をうがつ戯作である。その巻末は次のようになっている。

画工　忍岡哥麿
作者　志水燕十
こゝろも長き
うしの春初
板元
蔦屋重三郎

戯作者志水燕十の初作である。燕十もそうであるが、歌麿が手掛けた蔦重版の最初のものでもある。天明三年刊黄表紙『啌多雁取帳《うそしっかりがんとりちょう》』も、燕十作、歌麿画のものである。燕十は、江戸座の燕志の俳書によく句を寄せている。燕志の歳旦集には燕志と俳諧における交遊が密であった鳥山石燕が、その門人たちとともに挿絵や句を寄せている。石燕を師として絵の修練に励んでいた歌麿と燕十との関係は、このあたりで築かれたものと思われる。

天明四年に蔦重が出版した『通俗画図勢勇談《つうぞくがずせいゆうだん》』は、『西遊記』の抄訳で、燕十の文章と石燕の絵で仕立ててある。校合門人として、刊記には、燕志の歳旦集でお馴染みの子興・燕示・石子という石燕の弟子の名前も並べられており、密接な交友関係の土台がこのあたりであろうことを示唆している。

燕十はこのほか、天明三年刊の洒落本『渉都洒美撰《ことしやみせん》』、黄表紙『模聞雅話《ももんがわ》』（袋入り、原本未確認）の蔦重版の作者を務めている。また、天明八年三月の刊記のある算法書『利得《りとく》算法記《さんぽうき》』も燕十が関わっている。蔦重の後序に「志水裡町斎燕十子は雑談本の戯作者にて、常々几上の草稿を刻さんと予も扉に音信る。或日我旧板の塵劫記を閲して是を改正せん事を望む。則著訂して利得算法記と題して初学の助にもやと、万代不朽の蔵板になすことしかり／丁未正月刻成日　東都書肆　耕書堂主人述」とあって、天明七年正月の日付である。燕十自序の年紀は天明四年春で、刊行時期と成立時期が離れている。燕十は鈴木庄之助という御家人で、天明六年八月二十一日に六十一歳で没したとする考証があり、稿本のまま放置されていたものを没後に出版にこぎ着けたものかと思われる。

前述のように、唐来三和も燕十や歌麿と近しく、これも安永期における俳諧の遊びで彼らと結びついていたものなのであろう。つまり、歌麿を介して、蔦重が縁を結んだ者たちが、天明三年以後はじけるように展開する狂歌・戯作の世界に、そして蔦重版の世界に戯れることになったのである。

『啌多雁取帳』

『啌多雁取帳《うそしっかりがんとりちょう》』は、天明三年(一七八三)正月新版の黄表紙である。この年の九月に日本橋進出を図る蔦重が、正月新版をにぎやかに取り揃えた中のひとつである。作者奈蒔野馬《なまけのば》乎人《かひと》とは、巻末署名に「燕十」の印が見えるので志水燕十である。彼の序文に「画作ともに初舞台」とあるように黄表紙の初作になる。画工は歌麿で、歌麿名での黄表紙初作になる。

質屋の番頭金十郎が主人公で、序盤は彼の色里遊びを描く中で通人風俗や吉原の諸事情をうがつ。質屋をお払い箱になってからは、雁や鴨が池に凍り付いているところがあって捕獲し放題であるという話を聞いて、桶屋を始めて、そこへの旅費を稼ぐ。聞いたとおり

『唫多雁取帳』　天明3年（1783）／黄表紙／国立国会図書館蔵

捕獲し放題だった雁を腰に付けていたところ、朝が来て氷が溶け、自由になった雁たちが空中へ羽ばたき、金十郎は異国へと連れ去られる。そこからは異国巡りの趣向、大人国での話となる。気の利いた言葉遊びやうがちなど、楽しめる要素は少なくないが、この頃の歌麿の画風に接することができるのを何よりとする。

『青楼夜のにしき』

天明元年（一七八一）以来、歌麿は蔦重専属の画工として、その出版物に画筆を揮っていく。天明三年七月に発行された『灯籠番附青楼《せいろう》夜のにしき』は、名妓玉菊追善と称して行われるようになった七月の吉原行事「灯籠」の絵

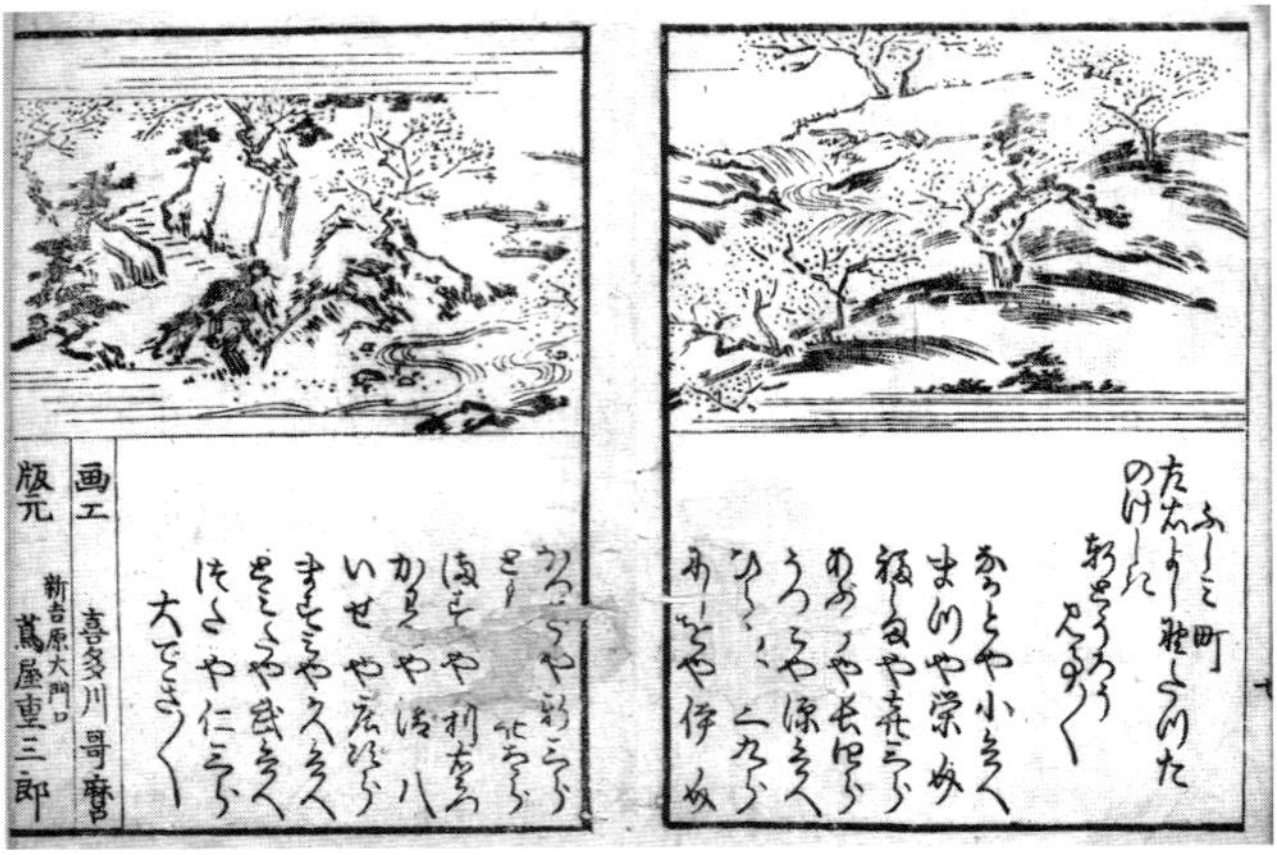

『灯籠番附　青楼夜のにしき』　天明3年（1783）／灯籠番付／大東急記念文庫蔵

本番付である。茶屋や妓楼の軒先に、趣向を凝らした飾り灯籠を吊す。この冊子体の番付は、安永九年（一七八〇）のもの（画工不明）が現在確認できるもっとも早期のものであろう。

以後毎年刊行されているが（後に一枚摺となる）、この天明三年のものは歌麿が描いている。灯籠の絵ばかり続いていて、後年の歌麿の画技を知っている現代人にとっては物足りなく思われるかもしれないが、このような仕事を蔦重工房で行っていたのが、この頃の歌麿なのであった。

歌麿初期の一枚絵として有名な「青楼《せいろう》仁《に》和《わ》嘉《か》女《おんな》芸者部《げいしゃぶ》」もこの年の八月に発行されたもので、六図確認されている。これも八月の行事である俄の番付を錦絵の様式で仕立てたもので、描かれた女芸者等の入銀による制作と推測されている。

この先も黄表紙や富本正本表紙絵、また狂歌師が制作依頼したと思われる錦絵様式の摺物などの蔦重版を歌麿は手掛けていくことになる。

『源平惣勘定』・『寿塩商婚礼』

大田南畝は知友の狂文や狂歌、また絵の揮毫を『判取帳』と名付けたサイン帳のような帳面に集めていた。そこに蔦重も筆を執っている。「才蔵集／吉原細見／新吉原大門口／四方先生板元　つたや重三郎／狂名蔦のから丸」。天明三年(一七八三)四月以前のものと推測できる。「才蔵集」とは天明七年に蔦重が刊行することになる南畝撰の狂歌撰集『狂歌才蔵集《さいぞうしゅう》』のことである。天明三年正月に出版された『万載狂歌集』の出来と評判を目の当たりにして、この時南畝に依頼したものなのであろう。「四方先生板元」とは、人気者の南畝(四方赤良)にがっちり食いつこうとする蔦重のかなり露骨なアピールである。

天明三年正月新版の黄表紙に南畝作のものが二点ある。いずれも袋入りで出されていて別格扱いである。天明元年の『菊寿草』、同二年の『岡目八目《おかめはちもく》』という黄表紙評判記を編

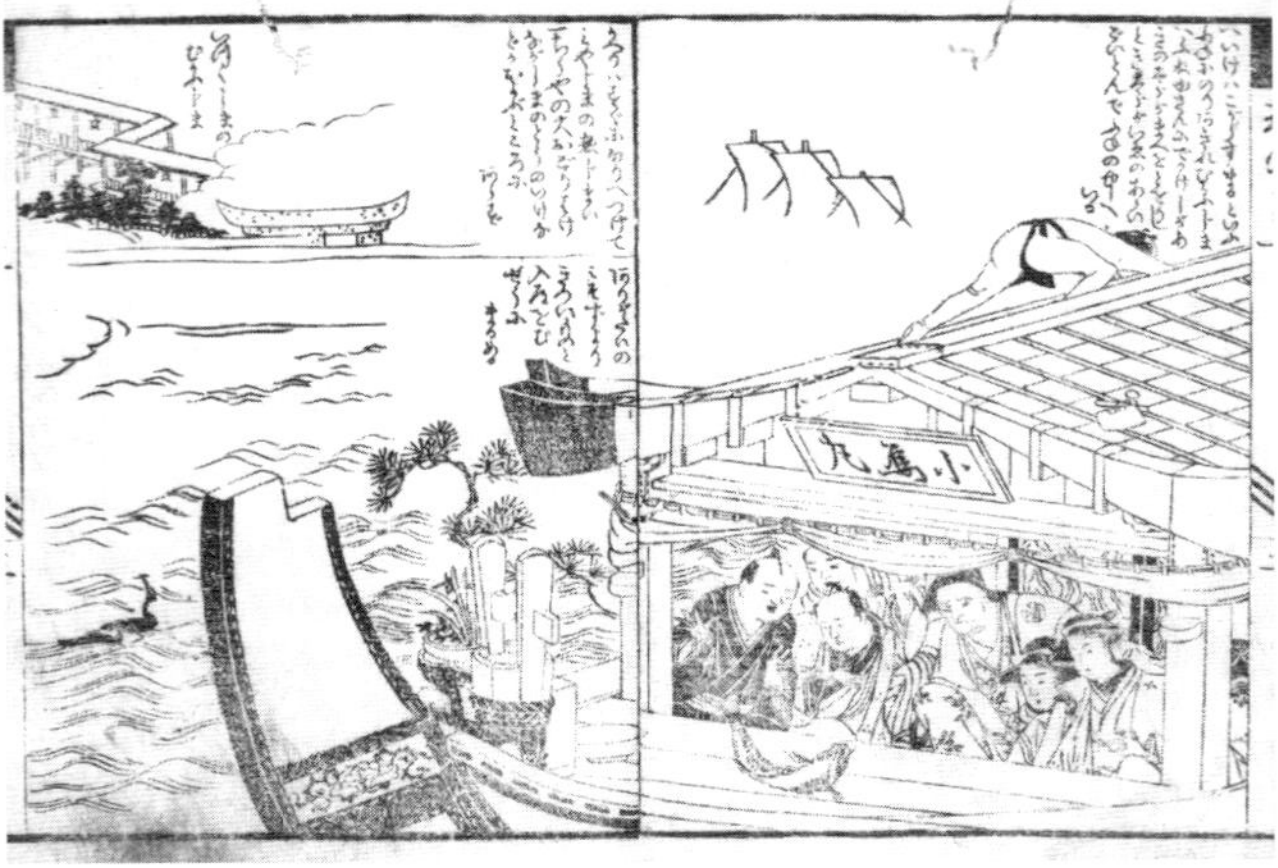

『源平惣勘定』　天明3年（1783）／黄表紙／東京都立中央図書館蔵

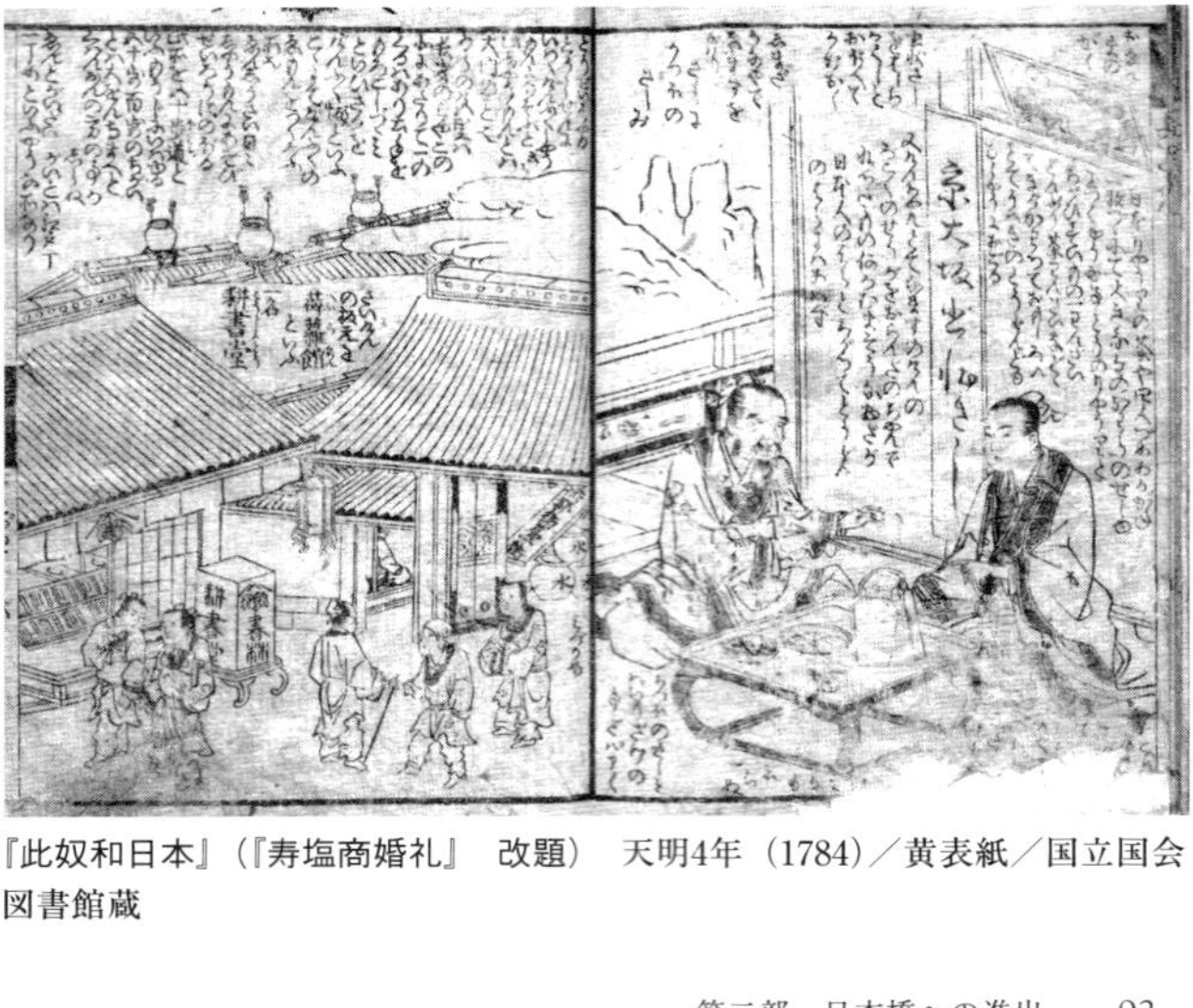

『此奴和日本』（『寿塩商婚礼』　改題）　天明4年（1784）／黄表紙／国立国会図書館蔵

んでいた南畝である。この二点の評判記の歴史的意義は、草双紙を新たな戯作の一類として明確に位置付け、流行を後押ししたところにあろう。その黒幕の初の実作ということで話題性は充分であった。

『源平惣勘定《げんぺいそうかんじょう》』は、江戸の当世風俗の中に、軍書や芝居で周知の源平の争いの名場面を落とし込んで展開した作品である。「奢《おご》る平家」そのもので、豪遊する清盛、その借金を負って難儀する宗盛ら平家の一門に源氏の掛け取りが責め立てる。上手い見立てと軽妙な地口で、いやみ無く滑稽な南畝らしい作となっている。安芸《あき》の宮島の景色に隅田川を見立てて、土手越しに見える向島三囲《みめぐり》稲荷の石の鳥居の頭を描き、「厳島の向島」との書き入れ、無理矢理な符合で笑えるところである。本作は翌天明四年、普通の黄表紙体裁の『梶原細見二度の賭《かけ》』と改題再版される。

『寿塩商婚礼《ことぶきしおやのこんれい》』は、菅《かん》秀才ならぬ塩《えん》秀才という日本贔屓《びいき》の中国人を主人公に設定し、中国かぶれの日本人をからかいつつ、当世江戸の最新風俗をうがつ。南畝の漢学教養が光る一作で、北尾政美《まさよし》描く中国風にアレンジされた珍妙な日本風俗、風景も楽しい。吉原江戸町一丁目ならぬ燕都《えんと》街第一街の、松葉屋瀬川ならぬ松葉楼瀬川夫人《しょうようろうらいせんふじん》の道中も笑わせられるが、大門口ならぬ倡門脇に本屋が描かれていて「細見の板元を薜蘿館《へいらかん》といふ。一名耕書堂」

と書き入れがあるのも嬉しい。

これは蔦重の店を中国風に写しているわけであるが、「薜蘿」は蔦の意で、「薜蘿館」は蔦屋を中国風にした号ということになる。「書林／耕書堂」と書かれた箱看板に猫足が付いていたり、店内に草双紙を並べた斜めの台を置いていたり、なかなか細かい。これも翌天明四年に黄表紙体裁で再版され、その際『此奴和日本《こいつわにっぽん》』と改題される。

南畝は天明四年に『料理献立 頭《あたま》てん天口有《てんにくちあり》』・『返々目出鯛春参《かさねがさねめでたいはるまいり》』・『種小野之助風 拳角力《けんずもう》』の三点の黄表紙を西村屋与八から出すなど、ちょっと黄表紙の作に入れ込んだものの、天明六年蔦重版の『手練偽《てれんいつわり》なし』が最後の作となる。

『通詩選笑知』

大田南畝は『寝惚先生文集《ねぼけせんせいぶんしゅう》』を明和四年（一七六七）に出して狂詩流行の先鞭をつけた。以来、「西の銅脈、東の寝惚」と、京都の銅脈先生《どうみゃくせんせい》と並び称される狂詩の達人として名を馳せた。

天明三年（一七八三）正月に刊行した狂詩集『通詩選笑知《つうしせんしょうち》』は、南畝らしい機知に富んだ傑作。南畝の長子の髪置き祝儀の日の天明二年十一月九日、南畝宅を訪れた蔦重の懇望に応えて作り上げたものである。題名は千葉芸閣《うんかく》による『唐詩選』の注釈書『唐詩選掌故《しょうこ》』をもじったもの。上欄に語注を掲出する形式も踏襲し、『唐詩選』の五言絶句の詩をもじるだけではなく、それにふざけた注を合わせて『唐詩選』の注釈書のパロディに仕立てている大変手の込んだものである。

たとえば、二首目は、楊烱《ようけい》「夜送趙縦（夜、趙縦《ちょうしょう》を送る）」のもじりである。原詩は「趙氏連城璧（趙氏《ちょうし》連城の璧《へき》）　由来天下伝（由来天下に伝ふ）　送君還旧府（君が旧府に還るを送れば）　明月満前川（明月前川に満つ）」。

夜送㆓長右㆒〔よるちやうゑもんをおくる〕　両契《りやうけい》

長子連理柵《ちやうしれんりのしがらみ》　於半背中懸《おはんせなかにかゝる》

送㆔君参㆓伊勢㆒〔きみがいせにまいるをおくれば〕　浮名満㆓桂川㆒〔うきなけいせんにみつ〕

これに、次の戯注を付すのである。

○長右　おびや長右衛門事

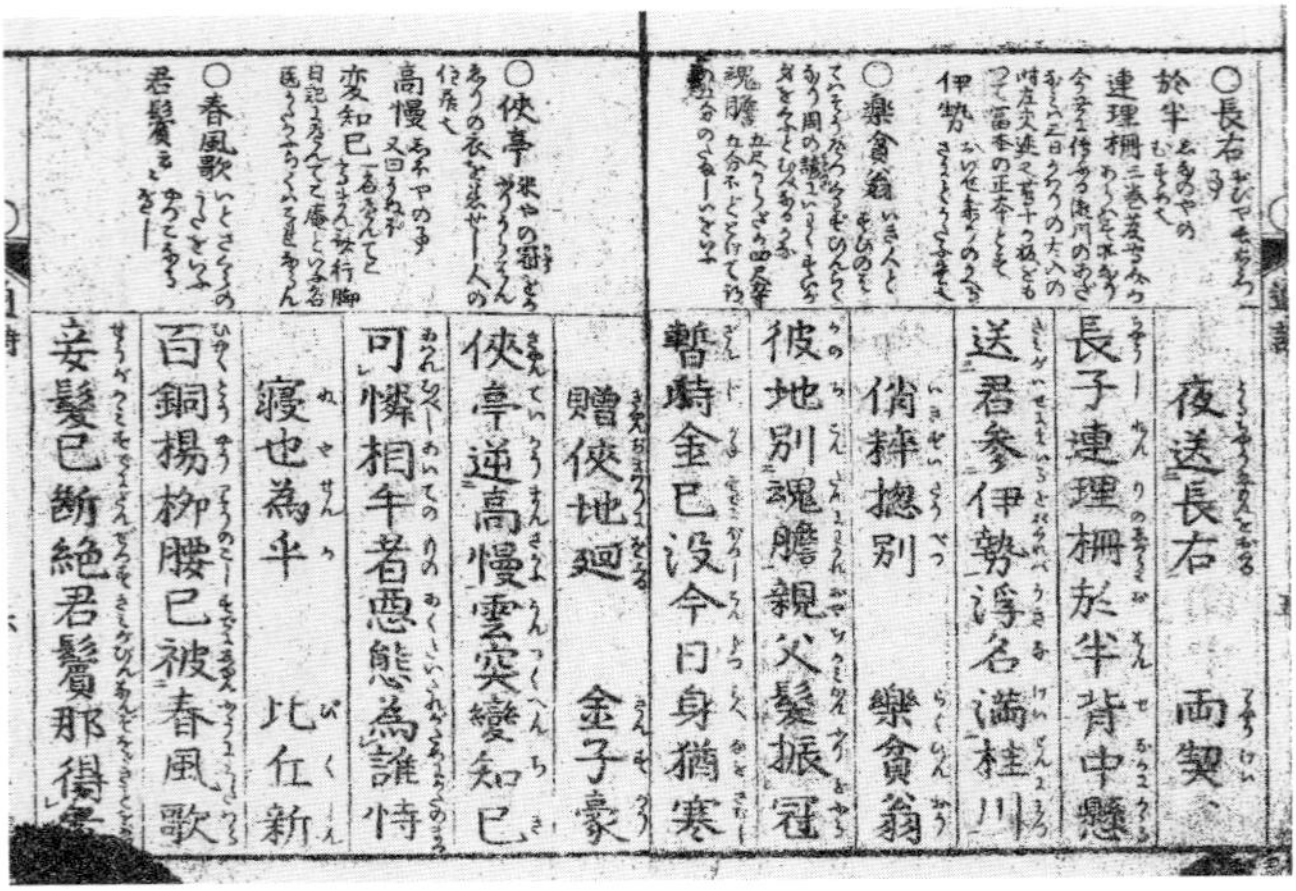

夜送長右　雨契

長子連理柵於半背中懸
送君参伊勢浮名満桂川

倘粋揔別　楽貪翁

彼地別魂膽親父髪振冠
暫時金已没今日身猶寒

贈俠地廻　金子豪

俠亭逆高慢雲突變知已
可憐相手者悪態為誰恃

寝也為乎　比丘新

百銅揚柳腰已被春風歌
妾髪已断絶君鬢那得

『通詩選笑知』　天明3年（1783）／狂詩／国文学研究資料館蔵

於半　しなのやのむすめ也
連理柵　三巻　菅専助があらはす所なり　今世に伝ふる瀬川のあだなみは　三日かはりの大入の時左交述レ之　蔦十が板をもつて富本の正本とす
伊勢　おいせ参りのかへるさにとうたふ是也

原詩の用字と音をかすめながら、帯屋長右衛門と信濃屋お半を主人公にした菅専助《すがせんすけ》原作『桂川連理柵《かつらがわれんりのしがらみ》』の世界にすり替えている。先に触れたように、天明元年四月市村座の「戯場花万代曽我《かぶきのはなばんだいそが》」に掛けられた桜田治助（左交）作詞の富本浄瑠璃による三日替わり道行きは大評判であったが、その中の「道行瀬川の仇浪《あだなみ》」はお半・長右衛門の道行きであった。そこに「お伊勢参りの戻り道」という文句がある。

翌四年には『唐詩選』の七言古詩を逐一もじった『通詩選』、天明七年には七言絶句のもじりに戯注を配した『通詩選諺解』を蔦重が出版する。いずれも長く愛読されたものと思われ、多種多数の版本が残る。

『年始御礼帳』

蔦重は狂歌師たちのグループである各狂歌連の発行する狂歌集を手掛けていく。狂歌師蔦唐丸《つたのからまる》として南畝を中心とした狂歌界に居場所を確保した蔦重は、彼らの狂歌の遊びの中に出版物を場にして戯れるという新たな遊びをもたらしたのである。いわば狂歌界の御用摺物所である。

天明四年（一七八四）の歳旦狂歌集は、黄表紙の体裁で各連が競う趣向であった。『前編 栗の本 大木《たいぼく》の生限《はえぎわ》』（北尾政美画）三冊と『後編 栗の本 太の根』（喜多川歌麿画）二冊は本町連・馬喰連、『年始御礼帳《ねんしおんれいちょう》』（哥麿門人千代女画）三冊は四方連、『早来恵方道《さあござれえほうみち》』（北尾政美画）二冊は赤松連、『金平子供遊《きんぴらこどもあそび》』（千代女画）二冊は小石川連の集である。

正月のめでたい景物である黄表紙という容れ物は歳旦集にふさわしい。また、目下注目株の戯作である黄表紙という舞台は、戯作者を大きく取り込んで戯作の世界と重なった狂

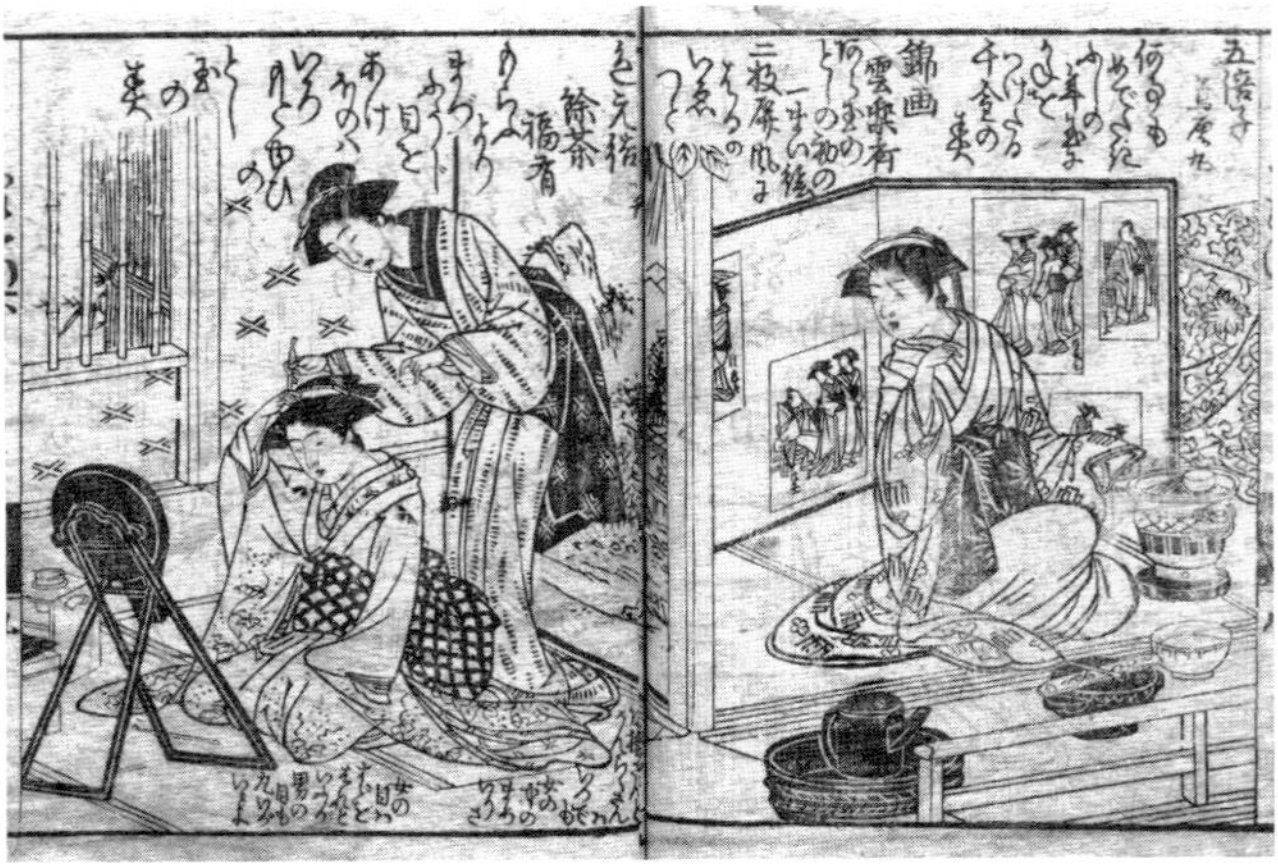

『年始御礼帳』　天明4年（1784）／黄表紙／国立国会図書館蔵

歌界にとって恰好の遊び場であった。

　この中の『年始御礼帳』は、正月のめでたい光景や風物を描き、それを題とした狂歌を添える。蔦唐丸の歌は正月に際して身なりを整える女性たちを描いた一図に載っている。「五倍子《ふし》」の題で「何事もめでたきふしの年玉にかねをつけたる千金の春」。「五倍子」は、お歯黒（鉄醤）に混ぜる粉で、歌は「節《ふし》」に「五倍子」、「鉄醤《かね》」に「金」を掛ける。何事も目出度い季節であるこの正月、お年玉にさらに鉄醤（金）を付け足した、まさに値千金の春であるという意。

　巻末に「哥麿門人千代女画」とあるが、おそらくは歌麿がふざけてでっち上げた烏有の画工で、歌麿本人の絵であろう。

『万載集著微来歴』

恋川春町は、狂歌の世界にもっとものめり込んだ戯作者であった。江戸の狂歌師を総結集した狂歌大会をしばしば企画している。その春町が天明四年（一七八四）に出した黄表紙が『夫は本歌是は狂歌万載集著微来歴《まんざいしゅうちょびらいれき》』であった。

天明三年に南畝が編んだ『万載狂歌集』（須原屋伊八版）は、狂歌流行に火を付けた撰集であった。標題は『千載和歌集《せんざいわかしゅう》』のもじりであるが、『千載和歌集』は以後踏襲される部立てを確立した勅撰和歌集であった。標題だけでなく、『万載狂歌集』はこの部立てをそのままなぞり、全体を勅撰和歌集のパロディとして編集していて、単なる秀歌を集めただけの狂歌集とはひと味もふた味も違う上々の戯作的作品に仕上げていたのである。

この春町の黄表紙は、『千載和歌集』成立時に重なり合う『平家物語』を世界に据えている。都落ちする薩摩守忠度《さつまのかみただのり》が、勅撰集に一首だけでも入集したいと藤原俊成《ふじわらのしゅんぜい》に自詠を托そうとする『平家物語』の有名なエピソードから話を始める。俊成に断られた忠度は、『万載狂歌集』の撰歌をしていた四方赤良（大田南畝）に歌を托す。以下源平合戦の有名な場面を織り交ぜて本作は展開していくが、壇《だん》之《の》浦《うら》の入水まで、すべて源平双方納得済の茶番、うそ芝居という筋立てである。

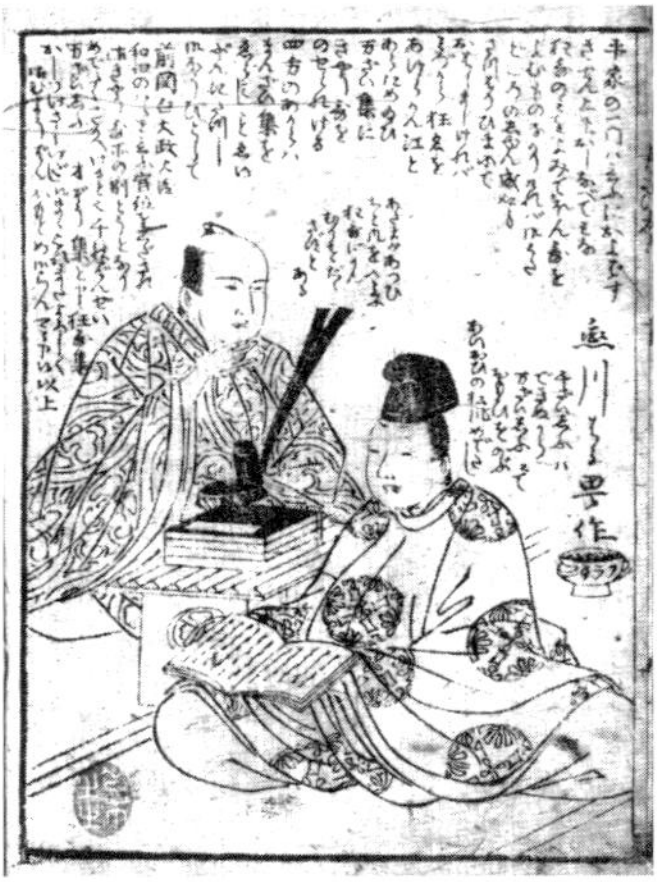

『万載集著微来歴』　天明4年（1784）／黄表紙／東京都立中央図書館蔵

その中で、二位尼《にいのあま》（平時子）の代役として春町、また平維盛《たいらのこれもり》役として元木網《もとのもくあみ》、御台所《みだいどころ》役として木網の妻の智恵内子《ちえのないし》といった狂歌師たちが登場する。最後は、壇之浦で平家一門が滅びたことにして、源平のいざこざはこれにて落着、元木網主催の狂歌会でみな仲良く狂歌を詠む様子を描いて終わる。

『万載狂歌集』が世に出て以来、狂歌流行の勢いはめざましいものであった。春町自身を含めてさまざまな人々を巻き込んで、同好の輪が南畝を中心に広がっていく様子を、作者自身の高揚感の中で黄表紙に仕立てたのが本作である。「才蔵集と申す狂歌集、おしつけさし出だし候まゝ、これまた宜敷《よろしく》御評判、御求め御覧可被下候」と巻末にちゃっかり広告っぽい書き入れを入れてもらっているあたり、版元蔦重と春町との、また狂歌師たちとの馴れ合いの雰囲気を醸し出していて愉快である。

『狂歌狂文 老莱子』

天明三年（一七八三）三月二十四日、大田南畝の母利世の六十歳を祝う賀宴が目白台大黒屋で行われた。この会の案内状の摺物に「来ル三月廿四日晴雨とも火打箱ほどな私宅において、朝っぱらより暮方まで狂歌大会仕候間何万人なりとも御来駕可被下候。当日御出席

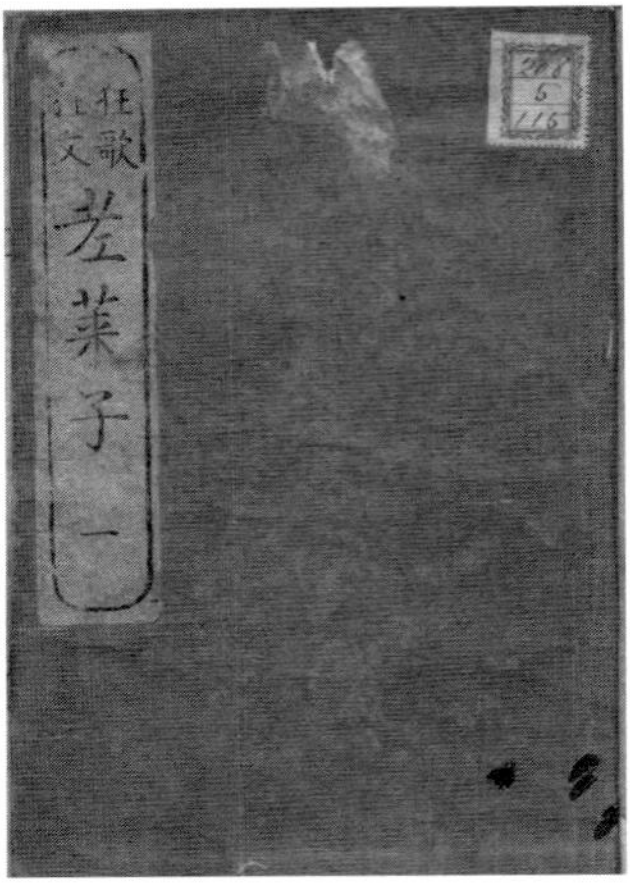

『狂歌狂文　老莱子』　天明4年（1784）／狂歌本／国立国会図書館蔵

の御方狂文狂歌とりあつめ候はゞ大方本屋ほしがり可申候」とある。ほしがった本屋はもちろん蔦重である。
この南畝の呼びかけに応じて寄せられた戯作者・狂歌師たちの賀歌や狂文等を編集したのが『狂歌狂文 老莱子《ろうらいし》』、中本五巻五冊で天明四年正月の刊行となる。蔦唐丸は入集していないが、この賀会においても裏方として世話を焼いたりしていたであろうことは十分推測できる。

ここに作を寄せている狂歌師、また戯作者やら役者やらの賑々しい顔触れは、南畝の多岐にわたる交友関係を物語る。また南畝を慕う人々のいかに多いものであったかを物語るものでもあり、南畝を中心に盛り上がっているこの世界の様相を物語るものでもある。多士済々、それぞれが得意とする方法で狂歌や狂文、落とし咄を寄せたり、引札《ひきふだ》（ちらし）や万句合《まんくあわせ》（川柳）、芝居の科白のパロディなどを寄稿していて賑やかな限りである。

春町は、黄表紙めかしたものを寄せている。序文によれば「耳取鼻先婆《みみをとってはなさきばばあ》」という作品の気取りである。図は桃太郎のパロディで、命の洗濯に川に出掛けた婆が、四方久兵衛製の銘酒「四方の瀧水」の角樽が流れてくるのを見付け、「これは、これは、赤良だそうだ。主が無くば、こっちへ来い」などと言っている。

第六章　画工・北尾政演と戯作者・山東京伝

北尾重政の弟子の一人に北尾政演がいる。宝暦十一年（一七六一）に深川木場《きば》に生まれた彼は、蔦重の十一歳下である。安永四年（一七七五）、十五歳の時に重政に入門し画技を修得していく。画業として最初に確認できるのは、安永七年刊、者張堂少通辺人《しゃちょうどうしょうつうへんじん》なる作者の黄表紙『開帳利益札遊合《かいちょうりやくのめくりあい》』で、この画工を務めている。

これを皮切りに黄表紙の絵や富本正本表紙絵などの仕事をこなしていく。安永九年、鶴屋喜右衛門が出版した黄表紙『米饅頭始《よねまんじゅうのはじまり》』と『娘敵討古郷錦《むすめかたきうちこきょうのにしき》』の二点が黄表紙作者としての初作であった。後者には「京伝戯作」とあって、京伝という作名がここから見られる。北尾政演名で黄表紙や富本正本の画工を務めながら、作者山東京伝として戯作も手掛けていくことになるが、戯作者京伝の名を一躍高めたのは、天明二年（一七八二）刊鶴屋喜右衛門版黄表紙『手前勝手御存商売物《ごぞんじのしょうばいもの》』であった。

『色仕立紅葉段幕』

北尾政演が最初に蔦重版に画筆を執ったのは安永七年（一七七八）十一月初演富本正本『色時雨紅葉玉籬《いろしぐれもみじのたまがき》』の表紙絵であった。続いて安永八年四月の富本正本『其俤浅間嶽《そのおもかげあさまがだけ》』、同

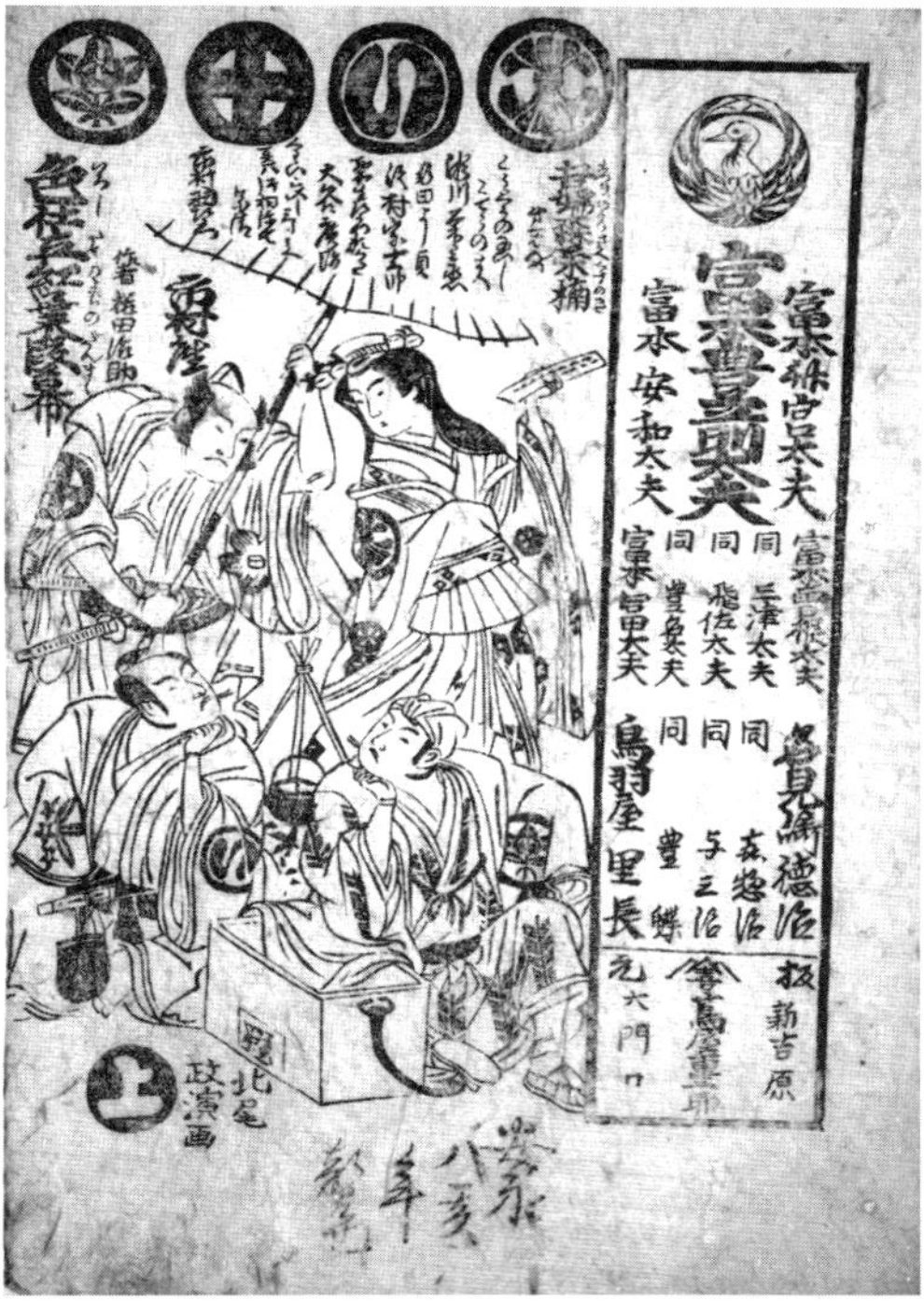

『色仕立紅葉段幕』　安永8年（1779）／富本正本／個人蔵

年十一月刊の富本正本『色仕立紅葉段幕《いろじたてもみじのだんまく》』と、富本の表紙絵に続けて蔦重は起用している。『色仕立紅葉段幕』表紙絵は、十一月市村座顔見世「吾嬬森栄楠《あずまもりさかえくすのき》」二番目初演の所作事の場面、瀬川菊之丞・沢村宗十郎《さわむらそうじゅうろう》・大谷広治《おおたにひろじ》・市村勘左衛門を描いている。

以後、安永九年に黄表紙の出版を開始した蔦重はその画工として政演を重用していく。その時手掛けたのは喜三二作の『廓花扇之観世水』と王子風車《おうじふうしゃ》作の『夜野中狐物《よのなかこんなもの》』であった。師の重政同様、彼の正確な描写力は黄表紙に相応しいものであった。当世の江戸の風景、またその中に人々の生き生きとした姿を正確かつ精緻に描く政演の手腕を蔦重は高く買うようになっていく。

『新美人合自筆鏡』

天明三年(一七八三)春刊吉原細見巻末「耕書堂蔵板目録」に、

青楼遊君之容貌《せいらうゆうくんのかたち》　其君の自詠を自筆にてしるす
大絵　錦摺　百枚続　初衣装《はついしやう》　生うつし仕候
北尾政演筆　正月二日売出し申候

とある。これは同年に「青楼名君自筆集」と題した組物として出版されていく。「大絵」とあるように、美濃紙全紙判の錦絵として企画された。現在確認されているのは二枚続きの七図であるが、この中には一枚摺としての出版を確認できないものもある。「百枚続」と広告にあるが、おそらくこれが全てだったのであろう。翌天明四年に『吉原傾城《よしわらけいせい》新《しん》美人合自筆鏡《びじんあわせじひつかがみ》』として特大版絵本に仕立て直して出版される。

礒田湖龍斎《いそだこりゅうさい》の「雛形若菜初模様《ひながたわかなのはつもよう》」の連作が終わり、西村屋与八は鳥居清長《とりいきよなが》の「雛形若菜の初模様」の連続出版を始めるが、これは天明二年で終わってしまう。ここを見計らって、これらを上回る豪華さでの遊女絵連作を蔦重は企てたものなのであろう。それに際し、吉原に精通し、遊女の仕草や表情、また衣裳・小物類・調度・背景まで精緻に再現する筆力を政演に期待したものと思われる。

実際、細部まで描き込まれた各画面は彼ならではのものである。それに加えて、描かれた遊女の自筆による自詠和歌・漢詩を画中にちりばめるという念の入った企画で、吉原と遊女たちの文化的優位を示すとともに、遊女それぞれの人柄を読みとれるかのような幻想を見る者に抱かせる仕掛けでもある。

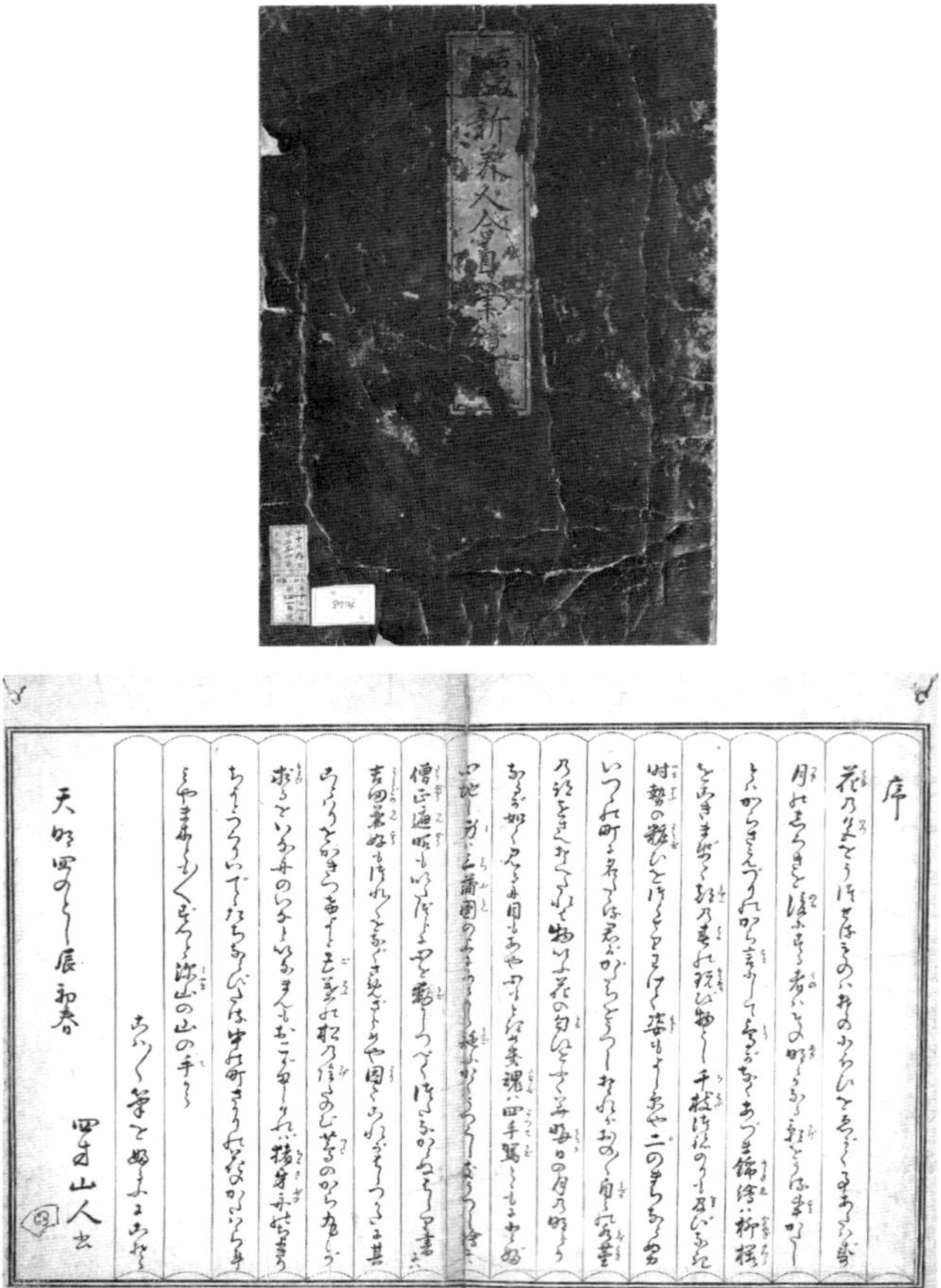

『吉原傾城　新美人合自筆鏡』 天明4年（1784）／絵本／東京国立博物館蔵／出典：ColBase（https://colbase.nich.go.jp/）

『吉原傾城　新美人合自筆鏡』　天明4年（1784）／絵本／東京国立博物館蔵／出典：ColBase（https://colbase.nich.go.jp/）

絵本に仕立て直すに際して、狂歌界の二巨頭、南畝の序文と菅江の跋文が付けられている。南畝序は、「いつゝの町に名たゝる君がかたちをうつし、それがおの〳〵自《みづか》らの水茎《みづくき》の跡をさへそへたれば、物いふ花の匂《にほ》ひをふくみ、晦日《みそか》の月の明らかなるが如く、見るに目もあや、心もときめき、魂《たましゐ》は四手駕《よつでかご》とゝもにとぶ心地し、身は三蒲団《みつぶとん》の上にあるかと疑《うたご》ふ」と、画像とそれに添えた自詠の持つ力を称揚している。

菅江の跋文にも同様の褒詞があるが、この絵本が『青楼美人合姿鏡』の後を襲う企画であることを最初に明言している。当初から、これら一枚絵の版木を利用して絵本化する企画であったかどうかはわからないが、『青楼美人合姿鏡』を上回る豪華な絵本に仕立てる方向に早い段階で踏み切ったものと思われる。それも政演の清新な画技を蔦重が高く買ったゆえであろう。

『江戸生艶気樺焼』

蔦重が京伝の黄表紙を出版するのは、この天明五年(一七八五)からである。京伝は、天明二年に『御存商売物《ごぞんじのしょうばいもの》』を鶴屋喜右衛門から出す。当時の出版物を擬人化して登場させ、浮世絵や草双紙など流行の地本類の隆盛を言祝ぐ内容は、江戸っ子意識を刺激する好材料であった。気の利いた見立てや行き届いたうがちを、巧みな絵作りと書き入れとをもって上々の笑いに昇華させている。

この作品は、南畝編の黄表紙評判記『岡目八目』でこの年新版の黄表紙の最高評価を得る。戯作の才能を、戯作の先達に評価され、世間もそれを認めていく。戯作者山東京伝の晴れがましい登場である。

翌天明三年に黄表紙の作は無いが、四年には三点の黄表紙を鶴喜から出す。そのうちのひとつ『廓中丁子《かくちゅうちょうじ》』には唐来三和の跋文が備わる。「屋鋪の折助は奴僕の通名にして、身

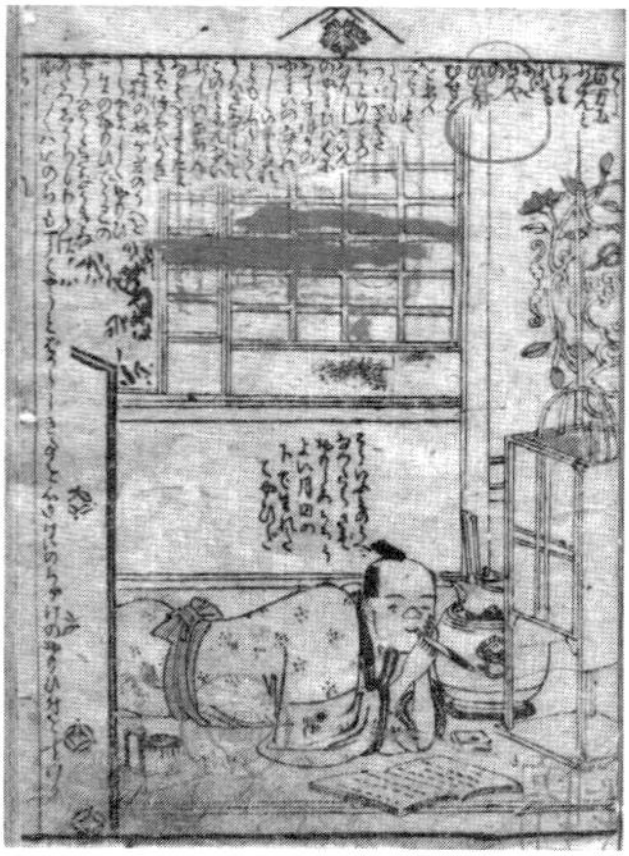

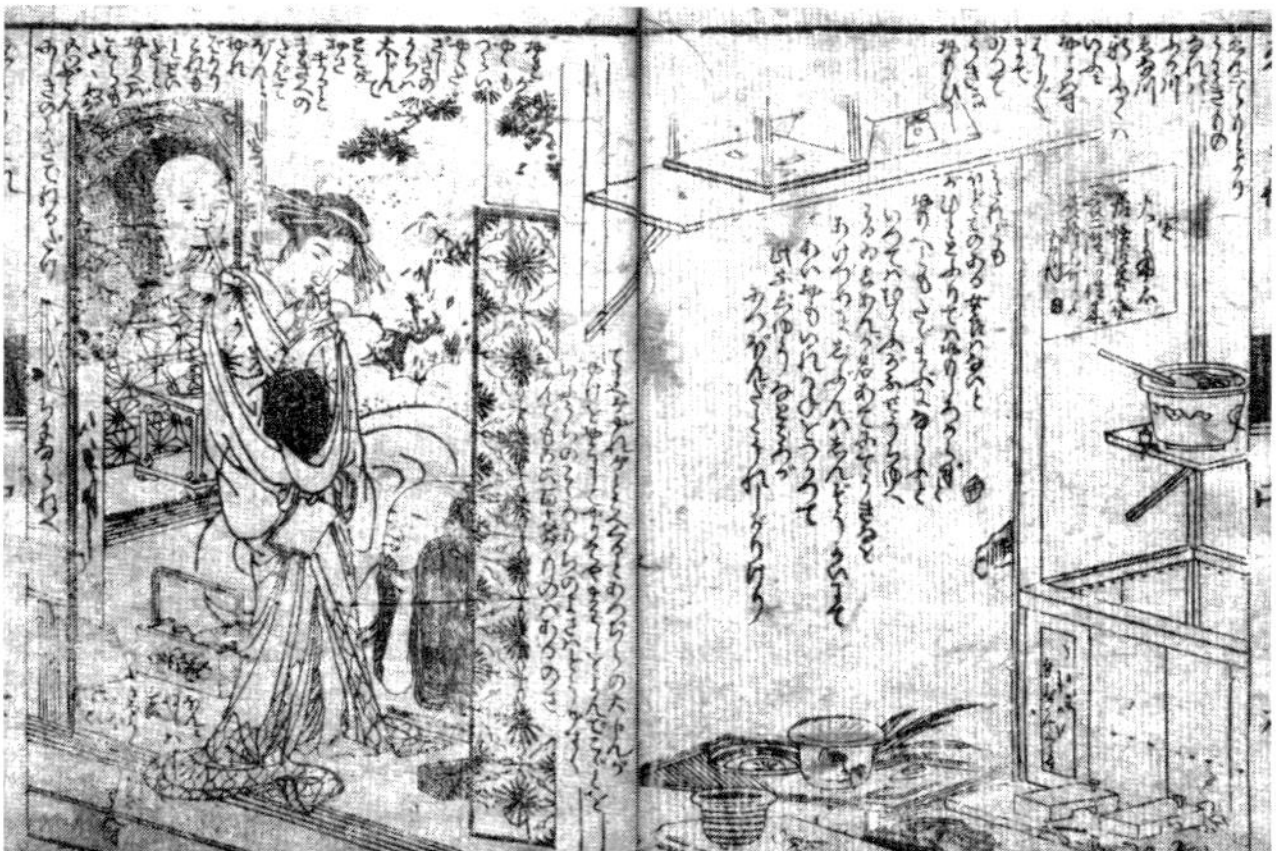

『江戸生艶気樺焼』　天明5年（1785）／黄表紙／国立国会図書館蔵

軽の織輔は京伝の狂名也」と、京伝が、狂歌を糊《のり》として大きく輪を広げていったこの世界の一員として深く組み込まれたことを感じさせる。三和とは大いに気が合ったのであろう。二人の親しい関係は今後しばらく続いていく。

天明五年の京伝黄表紙は五点、そのうち一点は鶴喜版であるが、蔦重版は袋入り一冊本三点を含めて四点を数える。画工としての筆の冴え以上に、武士作家のそれとはひと味違う京伝の戯作の才、爆発的な滑稽を大いに評価したものなのであろう。そのうちの一点が『江戸生艶気樺焼《えどうまれうわきのかばやき》』である。これは、文学史の教科書にも載る有名な作で(読んだことのある高校生はまずいないだろうが)、黄表紙の歴史を通しての一大傑作といっても過言ではない。

裕福な町人仇気屋の一人息子艶二郎《えんじろう》は、浮気な噂を立てられたいという本末転倒の願望を抱いている男で、金に飽かせて無駄でおバカなことばかりしている彼の様子を描いて話は進行していく。絵もまた秀逸で、細かい笑いのしかけ、江戸市中のうがちが満載されている。当時の人びとにとっても、この秀逸な笑いは鮮烈だったようで、主人公の名「艶二郎」がうぬぼれの意の流行語となるまで話題となった。

また、この主人公のひしゃげた鼻は、以後「京伝鼻」と呼ばれ、京伝自身の自画像もこの鼻で描かれることになる。戯作者としての京伝を一流に押し上げる役割を果たした黄表紙であった。

『江戸春一夜千両』

京伝の天明六年（一七八六）の黄表紙に『江戸春一夜千両《えどのはるいちやせんりょう》』がある。持丸長者右衛門という大金持ちが、家の者を呼び出し、それぞれ分に応じた（でも分不相応な）金を与え、今夜中に活かして使った者には、与えた金額の一倍増しの金をやろうと言う。番頭・手代・下女・丁稚《でっち》・飯炊き、また女房・隠居・息子、金を得たそれぞれが、何とか使い切ろうとする様子を描く。

番頭が算盤をはじいて出費先を思案していたりする様はいかにもそれらしい。手代は深川の遊女を総仕舞いしようとしたりするが、使い込みを疑われて断られるのも手代の類型を知っていれば大いに笑えるところ。女房は日ごろから着てみたいと思っていた着物を調達しようとするが、目移りしてなかなか決まらないうちに時間がせまってくる。買い食いしか金の使い方を知らない丁稚は屋台店をそそるものの、与えられた金を使い切るにはほど遠いものであったりと、みなそれらしい金との向き合い方で、使うのに苦労する様が滑稽に描かれる。

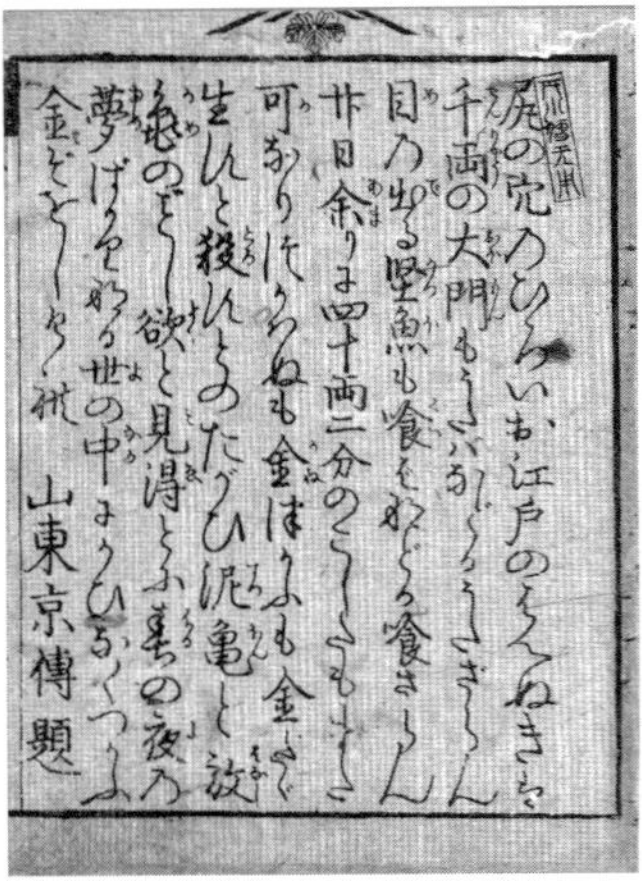

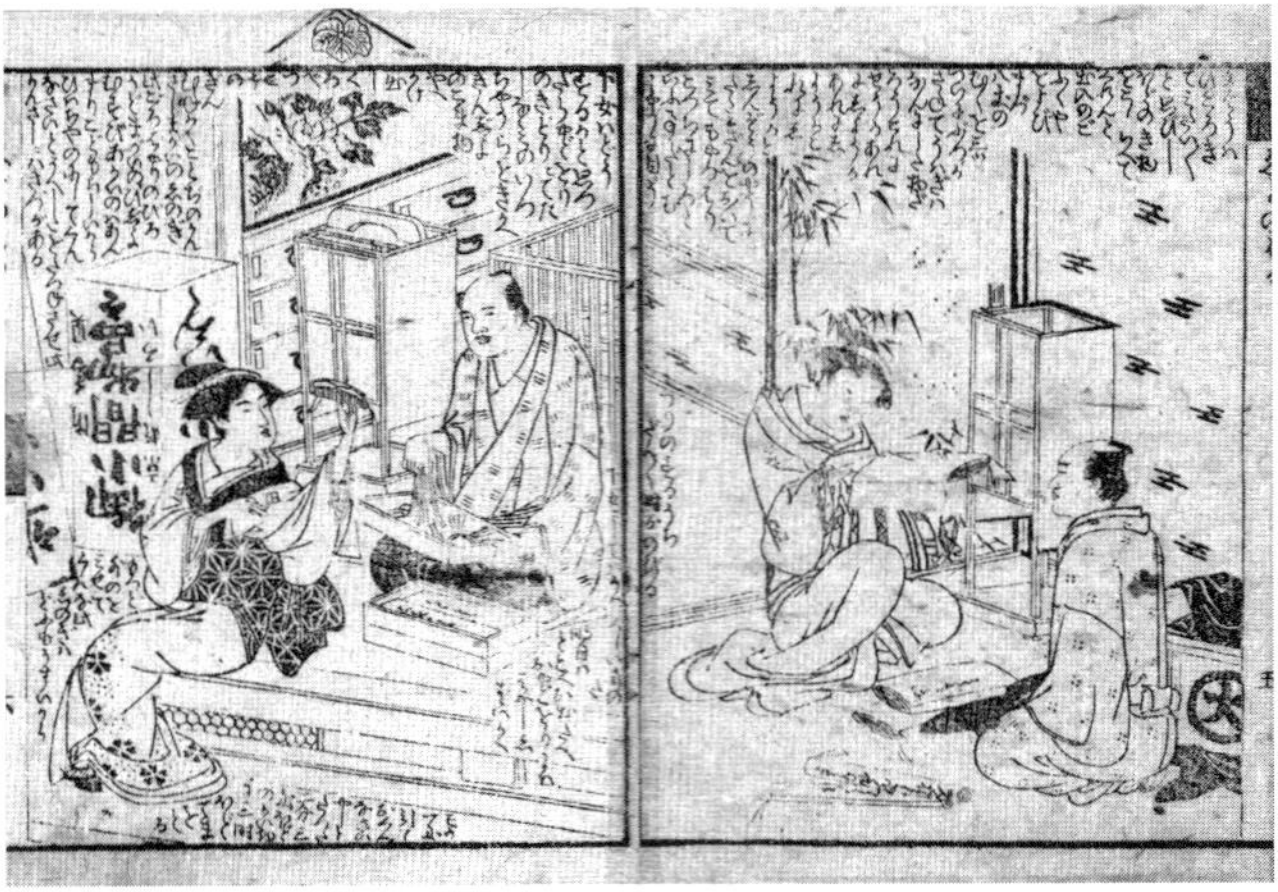

『江戸春一夜千両』　天明6年(1786)／黄表紙／東北大学附属図書館蔵

隠居は檀那《だんな》寺に五百両の祠堂金を納めようとしたところ、金ずくで菩提を弔われるものかと和尚に如意《にょい》でしたたか打擲されたり、飯炊きは窮余の一策、追い剝ぎに遭おうと下帯だけの姿で五十両の入った財布を首から提げて人気の無い物騒な所を歩くが、結局狐に化かされて終わってしまったりというあたりも噴飯ものである。さまざまな登場人物のそれぞれ類型を裏切らない行動が秀逸な笑いを生み、そして細部にこだわった京伝の絵は、江戸の日常・風俗や風景を見事に切り出している。

その中で千両を与えられた息子は吉原へ。誰でもいいから新造出しをして散財するつもりで仲之町の引手茶屋いの字伊勢屋に相談する。このいの字伊勢屋は京伝が懇意にしている茶屋で、実際に京伝が描いて与えた助六《すけろく》図が飾ってあるのを描いているのも嬉しい趣向である。吉原中の男芸者・女芸者を総仕舞い、白無垢・黒無垢の仕着せを与えて、仲之町で踊らせたり、馬鹿馬鹿しい贅の限りを尽くす。この吉原の場面は、吉原の様子をリアルに再現しながら書き入れのうがちもとがっていて絶妙である。

『客衆肝照子』

『江戸生艶気樺焼』と同じく天明五年(一七八五)、京伝が蔦重から出版した『息子部屋《むすこべや》』

が京伝の洒落本初作であるが、それに続いて天明六年正月に出した洒落本が『客衆肝《きゃくしゅきも》照子《かがみ》』である。これは『役者氷面鏡《やくしゃひもかがみ》』（明和八年刊）のパロディである。『役者氷面鏡』は、役者ごとに、その出で立ちや演技の説明と科白《せりふ》とを取り合わせ、それに勝川春章による役者の舞台姿の絵を添えたものである。本作は、吉原ゆかりのさまざまな人間の類型を、その服装や挙措動作、また口癖の特徴などを説明した「出」に、その図像といかにも言いそうな科白を添えたもの。洒落本に登場するような人物の典型が生き生きと描き出される仕掛けである。身振り物真似芸を紙上に再現したかのような、京伝ならではの鋭いうがちと精密な描写によって一級の戯作に仕上がっている。

長文の自叙は、吉原のさまざまな情景を麗しく描きあげていく中に、京伝の観察眼ならではの鋭いうがちをちりばめた美文で、彼の才気を十分に感じさせる力作である。序末は「ものいふといはぬ花あり中の町」という発句で結ばれ「山東京伝二十五歳之暁ニ書」と署名している。この発句に応じた「年々や廓ははなもかけ流し」という三和の句がその丁裏に据わっていて、二人の親密な関係をうかがわせる。

なお、序文筆者の尻焼猿人《しりやけのさるんど》は、姫路藩主酒井雅楽頭《うたのかみ》の弟酒井忠因《ただなお》の狂名で、俳諧や琳派の絵画に遊ぶ酒井抱一《ほういつ》のことである。彼はこのころ、南畝ら狂歌の連中と親密に過ごして

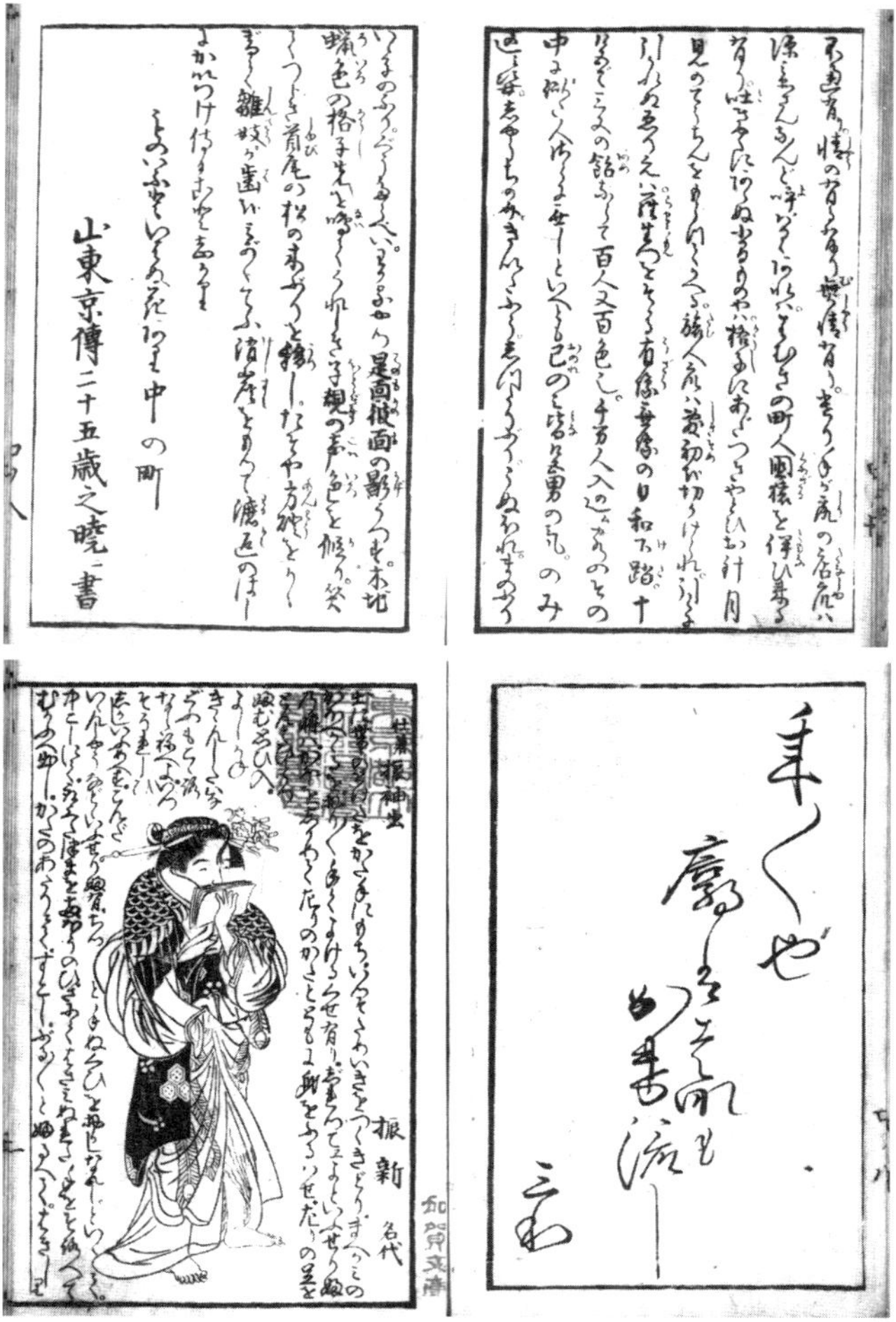

『客衆肝照子』　天明6年（1786）／洒落本／東京都立中央図書館蔵

いたのである。

『小紋新法』

京伝は優れたデザイナーでもあった。『小紋裁後編小紋新法《こもんしんぽう》』は、天明六年（一七八六）刊の洒落本である。巻末の新版目録に「おどけ小もんづくし」とあるように、注文取り用に小紋の裂《きれ》地を貼り込んだ小紋帳のパロディである。

たとえば、「鬼さらさ」と名付けられた裂は柊《ひいらぎ》を唐草模様にして、鰯の頭と尾をそこに入れ込んでいる。「一名追儺《ついな》」と別称が上にあり、説明書きに「此きれは悪魔よけ也」とある。節分の時、鬼やらいのために鬼のいやがると言われている柊と鰯の尾頭を門に取り付ける風習をもって図案化したものである。意外なものが模様となり、そこに絶妙な説明を入れるという趣向である。画工としての腕と戯作の才とを兼ね備えた京伝ならではの作品である。

角書きにあるように、天明四年に白鳳堂《はくほうどう》から出版した『小紋裁《こもんざい》』（これを増補したものが『小紋雅話《こもんがわ》』として寛政二年に蔦重から出版される）の後編である。この『小紋裁』が評判となり、実際にその図案どおり染められたりもしたようである。序は「書肆何某浴衣を染るに

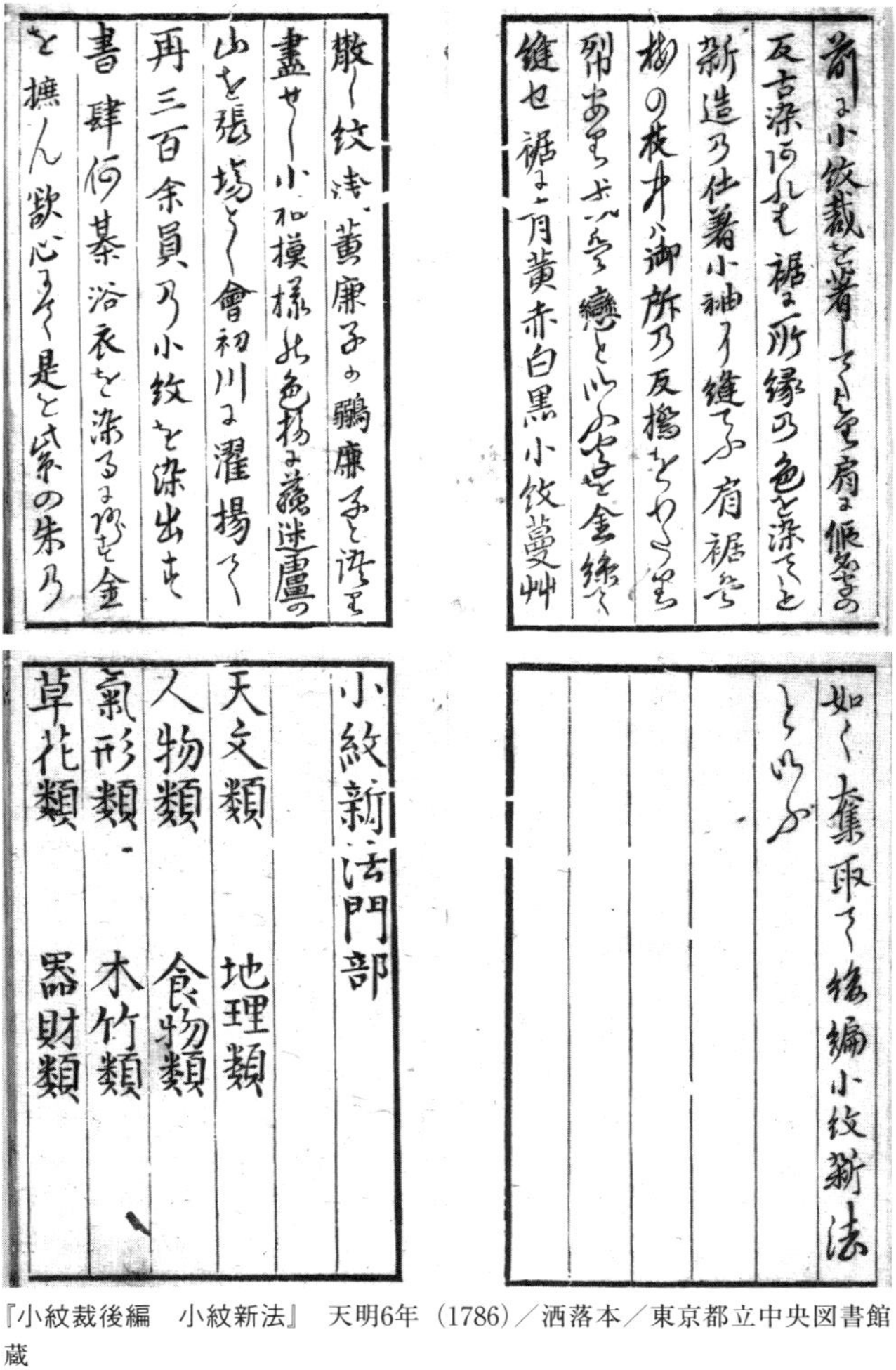
如く集取て後編小紋新法

小紋新法門部

天文類　地理類

人物類　食物類

氣形類　木竹類

草花類　器財類

『小紋裁後編　小紋新法』　天明6年（1786）／洒落本／東京都立中央図書館蔵

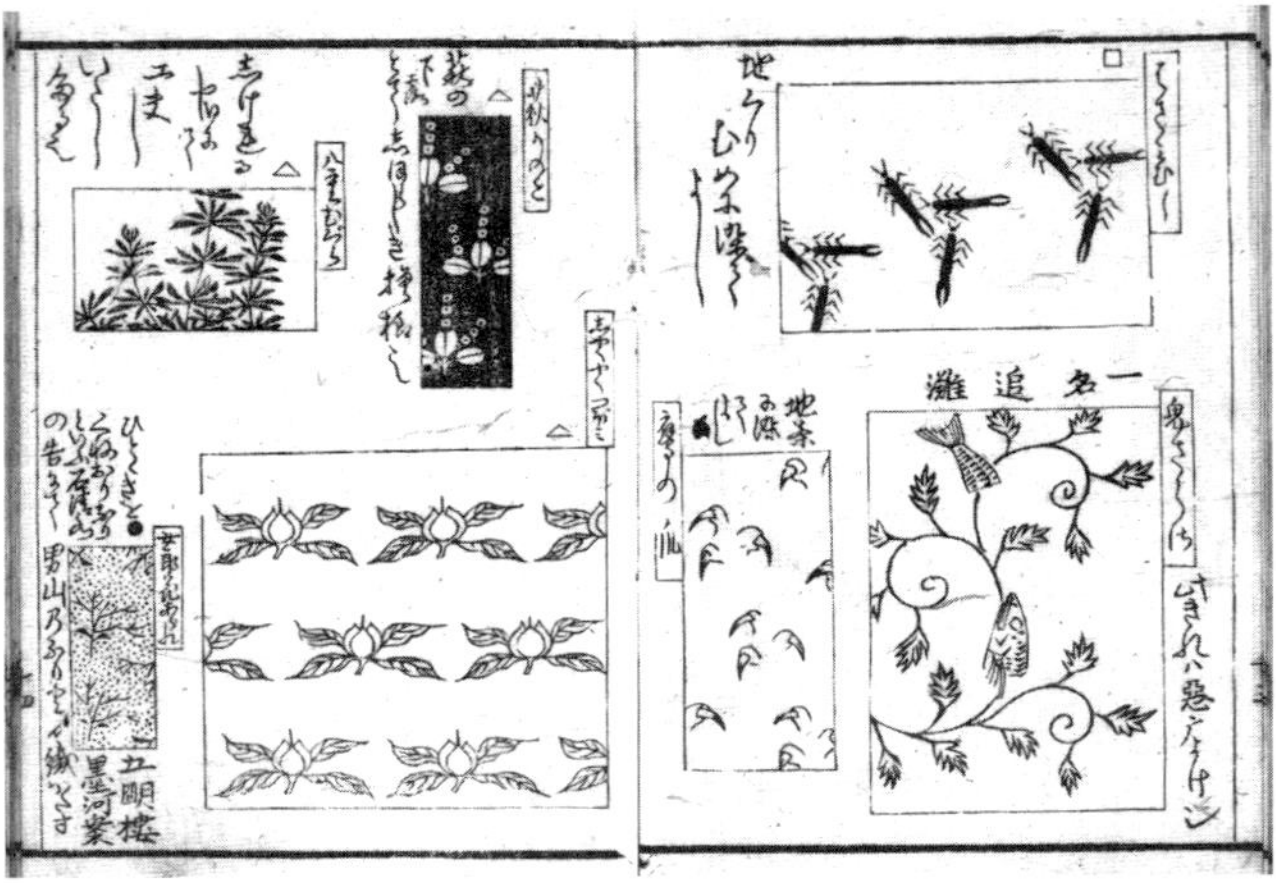
『小紋裁後編　小紋新法』　天明6年（1786）／洒落本／東京都立中央図書館蔵

あらず、金を摭《ひろわ》ん欲心にて是を紫の朱の如く奪取て、後編小紋新法といふ」と結ぶ。大げさな表現も版元が欲しがったという内容も序文にありがちなものではあるが、後に『小紋雅話』の出版もあることであり、蔦重がこれに食いついたことは動かないであろう。

『総籬』

山東京伝作『総籬《そうまがき》』は天明七年（一七八七）正月に出版された洒落本である。天明五年に出版した黄表紙『江戸生艶気樺焼』の主人公仇気屋艶二郎とその取り巻きである北里喜之介《きたりきのすけ》・悪井志庵《わるいしあん》をそのまま登場させる。

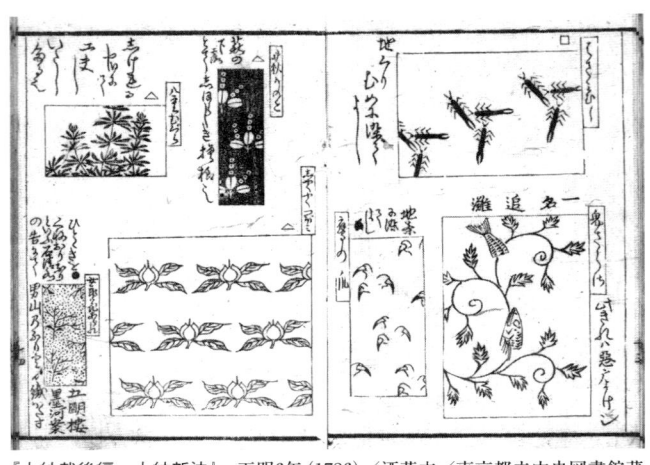

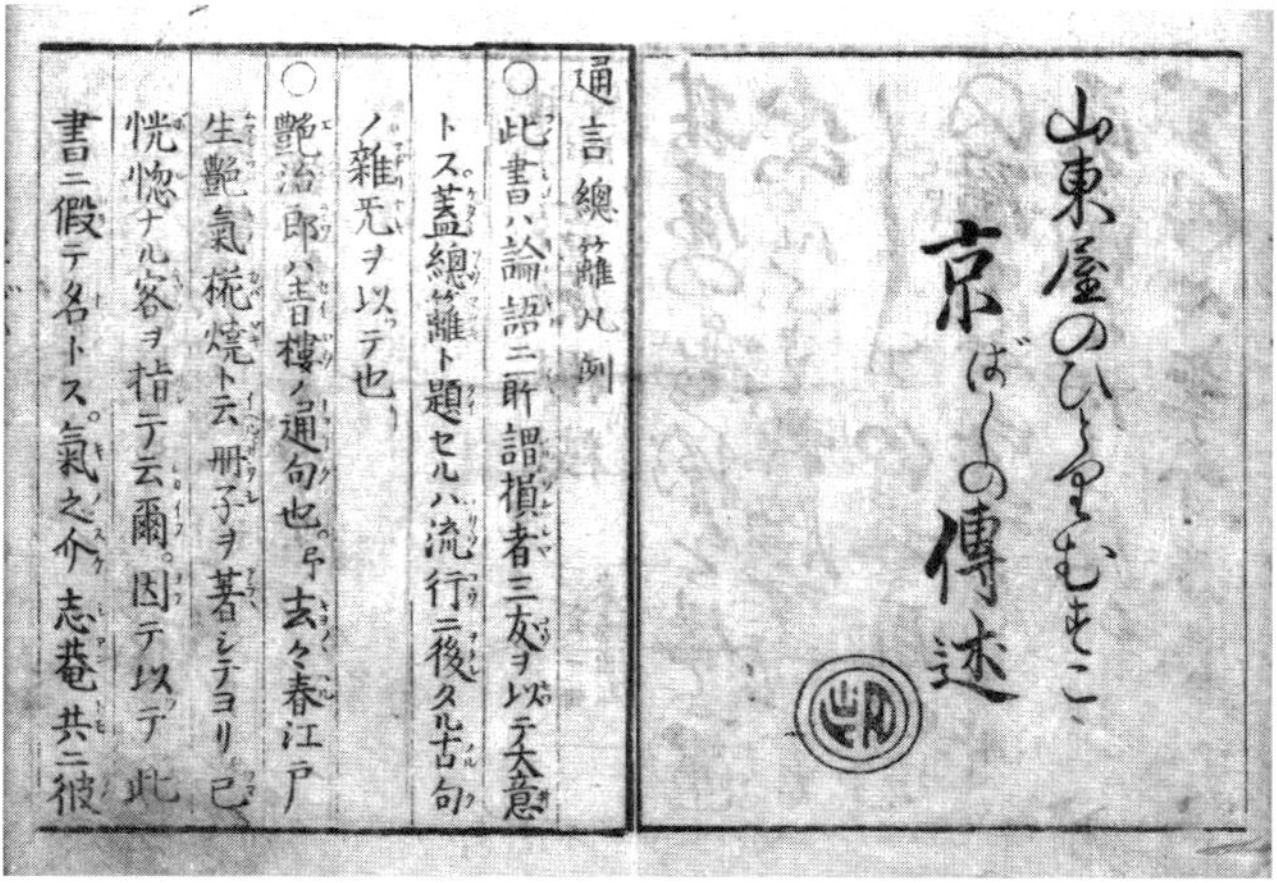

『総籬』　天明7年（1787）／洒落本／国立国会図書館蔵

凡例に「艶治郎《エンジラウ》ハ青楼《セイロウ》ノ通句《トヲリク》也、予去々《キヨ〳〵》春《ハル》江戸生艶気樺焼《ムマレウハキカバヤキ》ト云《イヘル》。冊子《サウシ》ヲ著《アラハ》シテヨリ。己恍惚《ウヌボレ》ナル客《キヤク》ヲ指《サシ》テ云爾《シカイフ》」とある。吉原で「艶二郎」という言葉が自惚れな客を言う流行語になったというのである。当然『江戸生艶気樺焼』の評判を物語るもので、『総籬』は、世の期待に応えてその評判に乗っかったものである。

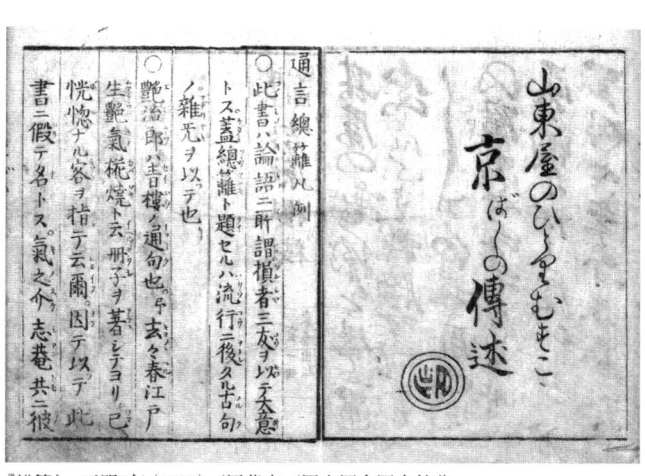

前半、その三者による吉原や深川の遊びにまつわるうがち満載の会話が続くが、京伝自身の遊びの中で得た最新の情報、また仲間内の楽屋落ちなどがふんだんに見られる。

たとえば「つまさん」が、「ときやうさんや、ぶんきやうさんと」違って吉原ではなく深川でもっぱら遊んでいるという話が出る。「つまさん」は「駒さん」こと松平駒次郎衍親《のぶちか》、松江藩主の弟である。「ときやう」は杜稜《とりょう》という酒井抱一の俳名をかすめている。「ぶんきやう」は文京で、松前藩主の弟松前百助頼完《ももすけよりさだ》の俳名である。この文京は本作に序を寄せているほか、作中でも話題として取り上げている京伝作のめりやす（長唄の一種）『寿貌《すがお》』の弘めも行っており、この時期の京伝の後援者の一人であった。

後半は「松田屋」での遊びをとおして、実在の遊女屋松葉屋の世界を精細克明に描く。凡例に「姝妓《ヲイラン》及《ヲヨビ》雛妓《シンゾウ》小妓《カムロ》ノ言《コトバ》、其侭《ソノマヽ》ヲ記《シルス》ガ故《ユヘ》ニ、詑《カタコト》ヲ不改《アラタメズ》」とあり、松葉屋の廓訛りも忠実に再現しようとしているのである。この作者ならではの精緻な筆遣いで天明期洒落本を代表する作に仕上がっている。

『新造図彙』

天明九年（寛政元年／一七八九）刊『青楼和談新造図彙《しんぞうずい》』は、絵入りの百科事典である中村惕斎《てきさい》編『訓蒙図彙《きんもうずい》』のパロディである。『訓蒙図彙』同様、「天文」「地理」「屋室」等部立てを分かち、そこにさまざまな事物や事象の説明を図入りで並べる。京伝得意の見立てとこじつけが上々の滑稽を生んでいる。

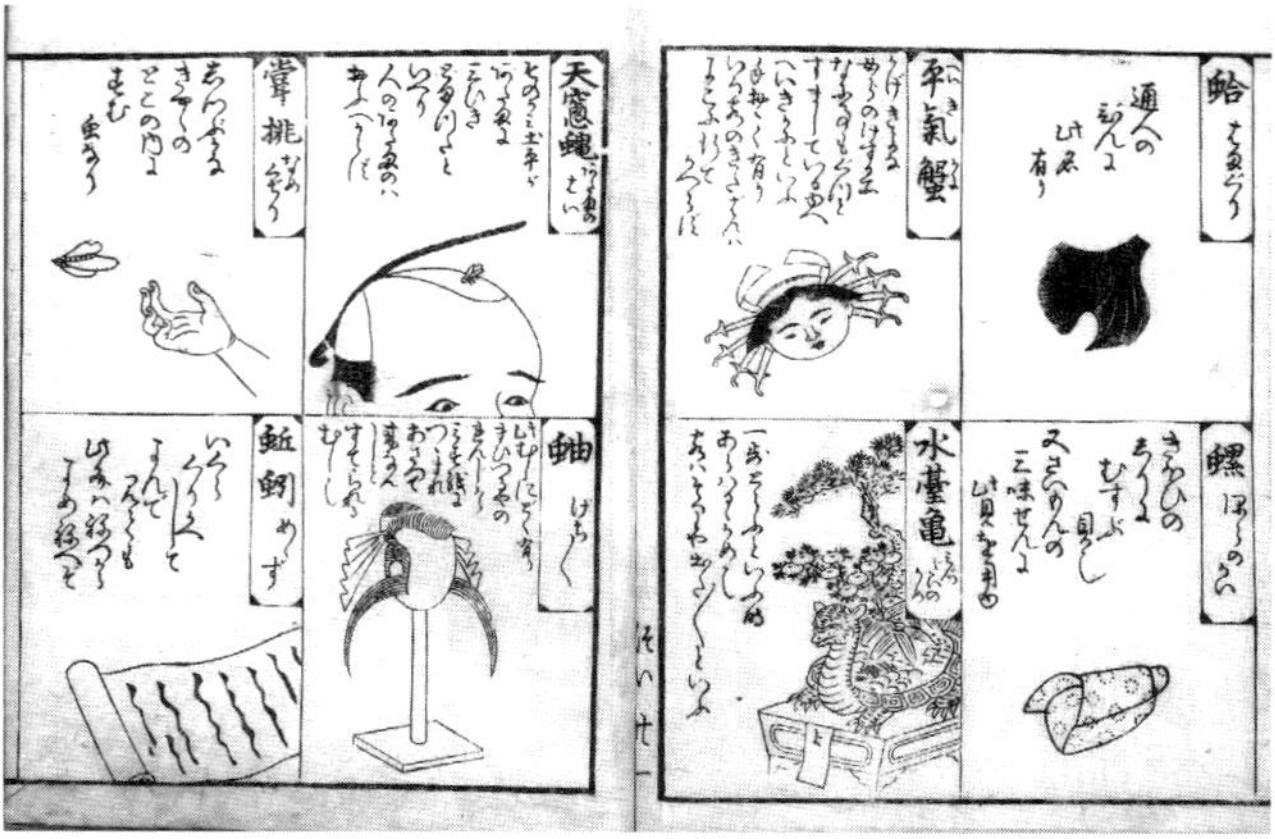

『青楼和談　新造図彙』　天明9年（1789）／洒落本／早稲田大学図書館蔵

たとえば、「魚虫」の部の「蚯蚓　めめず」、これには遊女から来たと思しい手紙が描かれていて、「いくらくりかへしてよんで見ても此文はねつからよめねへぞ」と、蚯蚓《みみず》の這ったような悪筆に対する反応の言葉をもって説明文にしている。また「禽獣」の部の「鷽　うそ」、遊女が手紙を書いているその手許を図にし「今は女郎より客のほうがよく此鳥をあいす。此鳥に舌二枚あり。皮を剝いでうその皮と言ふ」と解説がある。

鋭いうがちと見立ての妙で切り取られた事物・事象の絵と、それに添えた言葉の距離感、またぶつかり合いが、読み解く楽しみと読後の満足感を与えてくれる上々の戯作である。

『傾城買四十八手』

翌寛政二年（一七九〇）正月刊『傾城買四十八手《けいせいかいしじゅうはって》』は、京伝洒落本の最高峰であろう。洒落本というジャンルの達成と言ってもよいと私は思っている。「しっぽりとした手」「やすひ手」「見ぬかれた手」「真の手」の四話からなる。それぞれに異なるタイプの客・遊女を取り合わせて吉原の遊びの種々相を描く。

会話を主軸として話を進めていくのは洒落本の常道であるが、京伝の巧みな筆先は、その会話の中に、二人の間に流れる空気を含めて、その場の情景をリアルに描き出している。それだけではなく、彼らの会話のはしばしからその心の動きまで読み取ることができるような細かな筆遣いが、その世界に読む者を引き込むのである。

たとえば最初の話「しっぽりとした手」。遊女は突き出し間もない十六歳、客は十八歳くらいでまだ遊び慣れていない息子株、初会という設定である。相手に大いに気のある遊女は、まだあどけなさが残っていて相手の気を取る会話術も無い。うぶっぽさの残る相手であるだけに、余計うまいやりとりができないまま、ぎこちない空気が二人の間に流れていく。住所の当てっこという、今もありそうなとっかかりから徐々に打ち解けていくが、相手の息子株も彼女をまんざらでもなく思っていることを知っている読者は、なんともじ

『傾城買四十八手』　寛政2年（1790）／洒落本／東京都立中央図書館蔵

れったい。むずきゅん。

　一連の会話はいかにもありがちで極めてリアル。こんなうまい世界なんかあり得ないことは承知の上なのに、読者はこの甘ったるい空間に引きずり込まれ、二人のなりゆきを固唾を呑んで見守るはめになる。現実と見まがうばかりに、じつに巧妙に仕立てられた作り物なのである。

第七章　天明文化の到達点

春町や喜三二など戯作の名手たちも狂歌の世界に足を突っ込み、南畝も黄表紙を作り始めた。狂歌の世界と大きく重なって、戯作者たちの交流も細やかになった。大きく組み上がっていった戯作壇の中で、お互いに刺激を得たり与えあったりしつつ、競い合うように、また楽屋落ちをもって馴れ合うように、作品が生み出されていく。

蔦重版は、彼らにとって恰好の遊び場でもあった。戯作の趣向を練り合い、仕上げた作品が版元蔦重の手を経て、世の注目を浴びる演出とともに売り出される。作り手にとって上々の成り行きであり、版元にとっては店の名をいよいよ高める営為であった。

『従夫以来記』

『従夫以来記《それからいらいき》』は天明四年（一七八四）刊、作者万象亭《まんぞうてい》、画工歌麿の黄表紙である。万象亭は狂名竹杖為軽《たけつえのすがる》、徳川家蘭医桂川甫三《かつらがわほさん》を父に、同じく蘭医桂川甫周《ほしゅう》を兄に持つ森島中《もりしまちゅう》

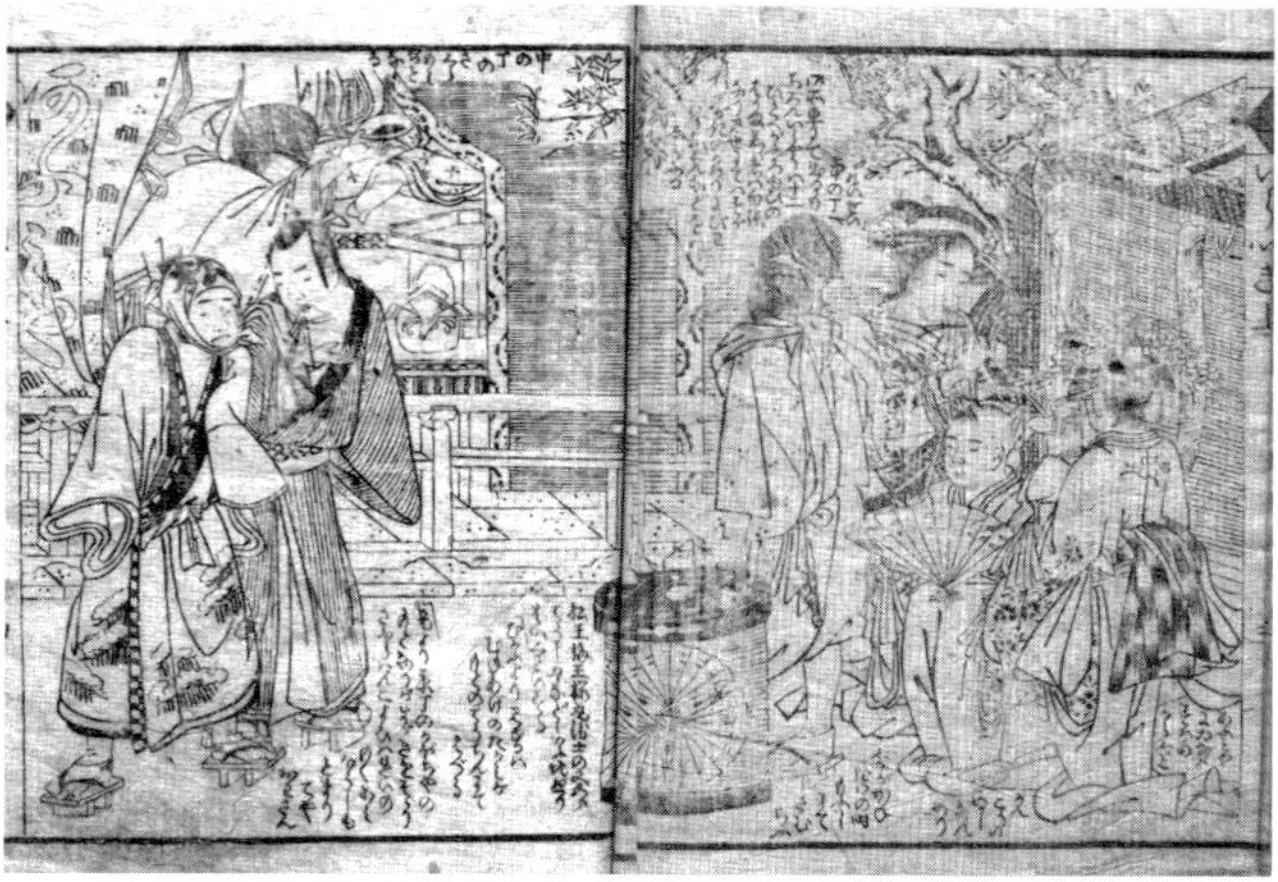

『従夫以来記』　天明4年（1784）／黄表紙／国立国会図書館蔵

良《りょう》である。平賀《ひらが》源内《げんない》の門人で浄瑠璃の作もある。

序文に「恋川《こいかは》はる町《まち》先生《せんせい》の楠《くすのき》無題記《むだいき》、続《つゞい》て喜三二《きさんじ》先生の長生《ながいき》して見度記《みたいき》の紙屑《かみくず》なりとも拾《ひろ》はばや」とあるように春町の『無《む》題記《だいき》』、喜三二の『長生見度記《ながいきみたいき》』は未来記を趣向にした作品であったが、それをさらに踏襲した作品である。

最初は、草双紙を大人が会読し子どもが漢籍を貸本屋から借りる場面、次は「芝居にて見物が狂言をし、役者かへつて見物をする」という場面。このように、先行する二作同様、各場面、現実を裏返しにしたり、思いっきり誇張したりして、現実との懸隔を笑いとするが、それはすなわち現実のうがちでもある。

「傾城、中の丁へ御所車にて出る」場面では、今をときめく狂歌師の名前がたくさん出てくる。新造は「近江屋にいなんすは赤良卿と菅江の主なんめり」と引手茶屋近江屋に南畝と菅江がいることをめざとく見付ける。二人の地回りは「向《むか》ふより見ゆるは棟上高見《むねあげのたかみ》がもとの提灯《ちょうちん》にて侍る」「是より京丁《きょうまち》の加保茶元成《かぼちゃのものなり》が籬《まがき》をそゝりさぶらはん、今宵は例の木網《もくあみ》法師も泊まりてやおわさん」と、現実の乱暴な物言いとは真逆の古雅な言葉遣いである。

棟上高見は、江戸町二丁目の妓楼主人扇屋宇右衛門の狂名、加保茶元成は京町の妓楼主人大文字《だいもんじ》屋市兵衛の狂名で、いずれも狂歌の吉原連の中心的存在である。元木網は南畝や菅江と同様古参の狂歌師で、この当時狂歌界の実力者であった。元成のところでの狂歌会などを想定しているのであろう。万象亭も狂名竹杖為軽を名乗って、彼らとの狂歌の遊びにはまっていた頃で、その高揚感が伝わってくる。この場面、正確な描線でありながら、遊女達の姿がみずみずしく描かれているなど、歌麿の画技も見所である。

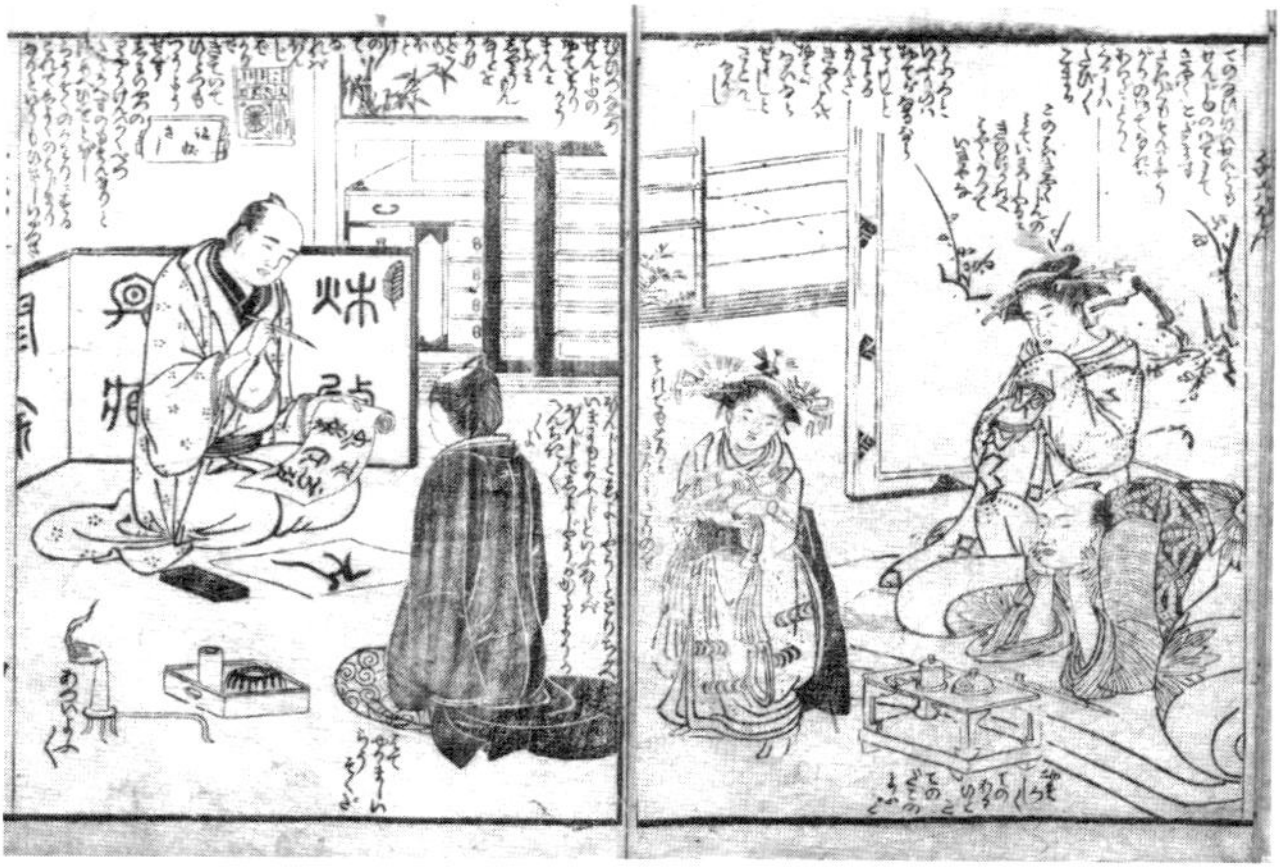

『御手料理御知而已　大悲千禄本』　天明5年（1785）／黄表紙／国立国会図書館蔵

『大悲千禄本』

狂歌の世界と戯作の世界が入れ込み合って、その盛り上がりが最高潮に達していた天明五年(一七八五)、正月新版の黄表紙に蔦重は一趣向設ける。それは、通常の黄表紙以外に、袋入りで一巻一冊(五丁)完結のものを十四点、一時に出版するというものであった。錦絵摺の袋に入ってこれらが店頭に並べられた光景はさぞかし賑やかであったと思われる。世間の注目を店に集めることに、蔦重は工夫を凝らす。出版するという行為自体に広告効果を持たせているのである。

春町画作『大通箱入《だいつうはこいり》之《の》癇癪《かんしゃく》』、喜三二作『蛸入道《たこにゅうどう》佃《つくだの》沖《おき》』(歌麿画)・『向嶋《むこうじま》佐々木《ささきの》久物《ひさしもの》』、芝全交《しばぜんこう》作『御手料理御知而已大悲千禄本《だいひのせんろくほん》』（政演画）、竹杖為軽（万象亭）作『千崎早野殻鉄砲挑灯具《からでっぽうちょうちんぐ》羅《ら》』（政演画）、桜川杜芳《さくらがわとほう》作『嘘皮初音鞁《うそのかわはつねのつづみ》』（喜多川千代女画）、鹿都部真顔《しかつべのまがお》（恋川好町《こいかわすきまち》）作『涎繰当字清書《よだれくりあてじのきよがき》』（北尾政美画）・『四畳半飛兮茶人《よちょうはんとんだちゃじん》』・『梅花《うめのはな》おりは乞目《こいめ》』・『昔々噺問屋《むかしむかしはなしのといや》』（政美画）、唐来三和作『双紙五牒夢《そうしごちょうのゆめ》』・『頼光邪魔入《らいこうじゃまいり》』（政美画）、山東京伝画作『天地人三階図絵《てんちじんさんがいずえ》』・『俠中俠悪言鮫骨《きゃんちゅうきゃんあくたいのきょうこつ》』・『八被般若角文字《はちかずきはんにゃのつのもじ》』、以上がその顔触れである。

いずれも発行部数は多くはなかったと思われ、現存のものはすべて稀覯に属する。原本を確認できないものもある。恋川好町の作名で戯作も手掛けるようになった狂歌師真顔の作が多いのもひとつの傾向であるが、他に蔦重版を確認できない芝全交作品のあるところも興味深い。

『御手料理御知而已大悲千禄本』がそれである。千手観音の手の損料貸しを請け負った山師のもとに、手（手練手管《てれんてくだ》、男をあやなすテクニック）の無い女郎や無筆の男など、「手」に不自由している人々が訪れるという趣向で、手にまつわる古今の故事や当世のうがちが吹き寄せられる。五丁の中に濃密に仕掛けられた機知的な笑いととぼけた味わいは読み応えさえ感じさせる。黄表紙中の傑作として名高いのも宜《むべ》なるかなである。

幕末になって古い草双紙を収集するマニアが増え、彼らを相手にする珍書屋商売が成立するようになる。中でも『大悲千禄本』は、名作でありながら稀覯書であることをもって、金一歩の値が付いたという話も残っており、また安政期に復刻も企てられている。

なお、全交は水戸藩お抱えの狂言師で、天明元年刊『大違宝舟《おおちがいたからぶね》』（鶴屋喜右衛門版）をはじめ、滑稽に富んだ黄表紙の名作を多く手掛けている。

『和唐珍解』

唐来三和の洒落本二作目『和唐珍解《わとうちんかい》』は、長崎丸山遊廓を舞台にした天明五年（一七八五）刊の異色作である。大明国の李蹈天《りとうてん》（近松「国性爺合戦」の登場人物）が通詞和田藤内《わだとうない》（これも同作の和藤内をきかせる）を伴って丸山遊廓に遊ぶという話で、一番の趣向は彼らの会話を漢文で記し、その右にその唐音を片かなの傍訓で記し、左の傍訓にはその訳語を平がなで添えるところにある。四角な文字とキテレツな唐音、それらとくだけた江戸語をぶつかり合わせる滑稽は三和らしい機知的なものである。日本の遊廓の案内を知らず言葉も分からない唐人連と、それを適当にあやなす通詞や遊女たちの振る舞いも上々の滑稽を生み出している。

本作巻頭には狂歌界の二巨頭である朱楽菅江と四方山人《さんじん》すなわち大田南畝の序文を備え

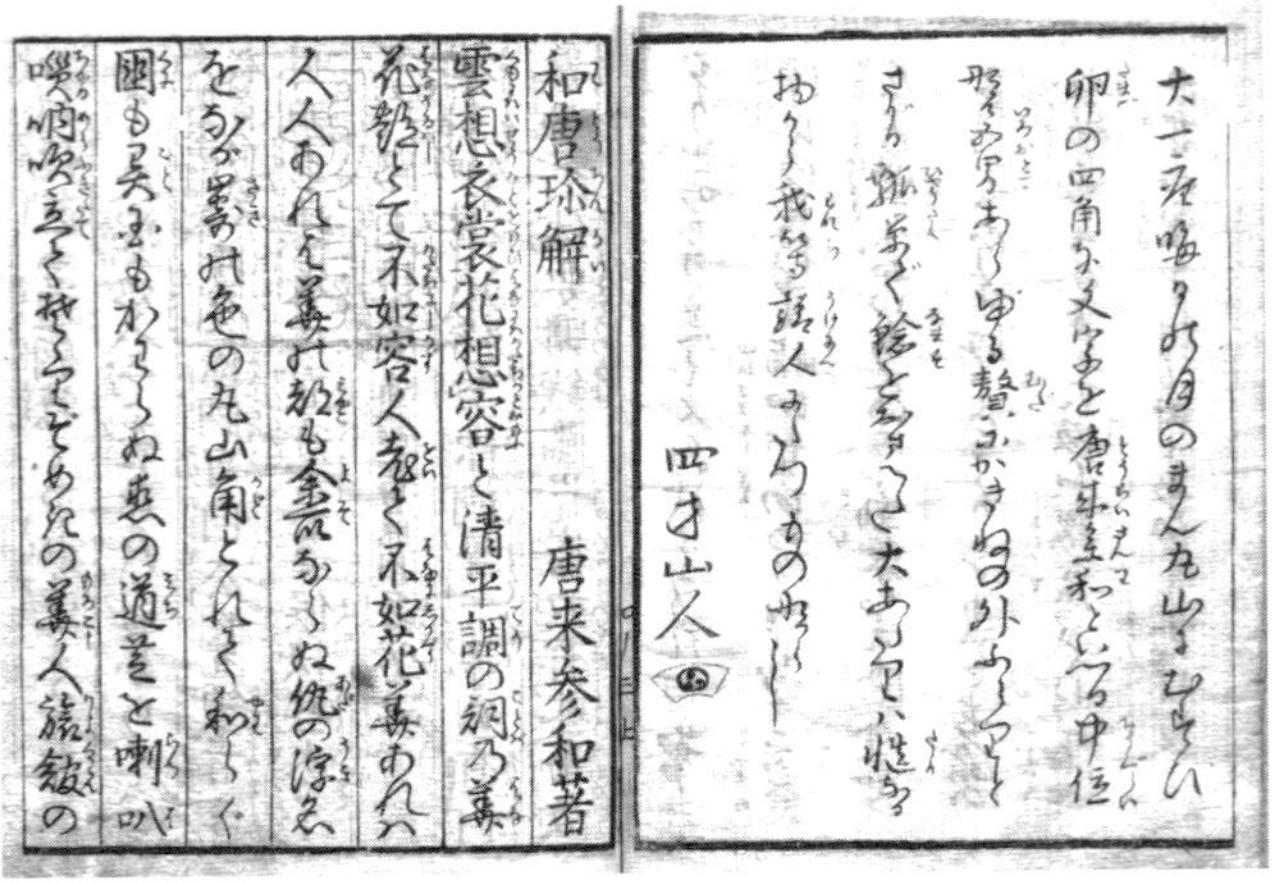

『和唐珍解』　天明5年（1785）／洒落本／国立国会図書館蔵

る。蔦重のお膳立ての下、三和がその才能を評価されて狂歌・戯作界の中枢に迎えられた気配である。南畝の序には「唐来三和《とうらいさんわ》といへる中位《ちゅうくらい》なる色男《いろおとこ》、あらゆる贅《むだ》にかきねの外」という表現があるが、これは三和の黄表紙初作『大千世界牆《だいせんせかいかきね》の外《そと》』（天明四年刊、蔦重版）の巻末に作者三和自身が登場し、画工の志を無にするようだけど自分はこんないい男ではなく「中くらいな男にて御座候」という科白があることを踏まえる。ちなみに「中くらい」はこの当時の流行語で、「まあまあ、そこそこの」くらいの意味である。

『書集芥の川々』

唐来三和作・道麿《みちまろ》画の『袖から袖へ手を入て しつと引〆廿二人 書集芥《かきあつめあくた》の川々《かわかわ》』は、お半・長右衛門、梅川・忠兵衛、お千代・半兵衛など浄瑠璃等でお馴染みの心中物のカップルが十一組、二十二人登場し、最後は一斉に駆け落ち、富本の浄瑠璃で道行きという趣向である。本作成立の背景には、先述した天明元年（一七八一）の三日替わりの「道行瀬川の仇浪」「道行垣根の結綿」「道行比翼の菊蝶」等の富本の道行き浄瑠璃の大流行がある。

二十二人の登場人物同士が親類縁者であるという無理矢理なこじつけで、それぞれの世界を引きずりながら次々登場する巧みな筋運びがまず笑える。そして、最後の道行きの場面、豊前太夫を中心に富本連中が語る「道行比翼の一連《ひとつら》」なる浄瑠璃は桜田治助に作詞を依頼したという設定で、十一組それぞれの世界を無理に織り込んでいる。結果支離滅裂、意味不明の詞章となっているところが大笑い。これだけ世界の入り組んだ内容を二冊物でまとめた手際はいかにも名手三和らしい。

本作は、山東京伝『江戸生艶気樺焼』と同年、天明五年に出版された。『江戸生艶気樺焼』も、最後は、滑稽な詞章の浄瑠璃に合わせて、うそ心中の道行きという趣向であった。三和と京伝、二人は趣向をすり合わせて、競作してみたものなのであろう。三和と京伝は

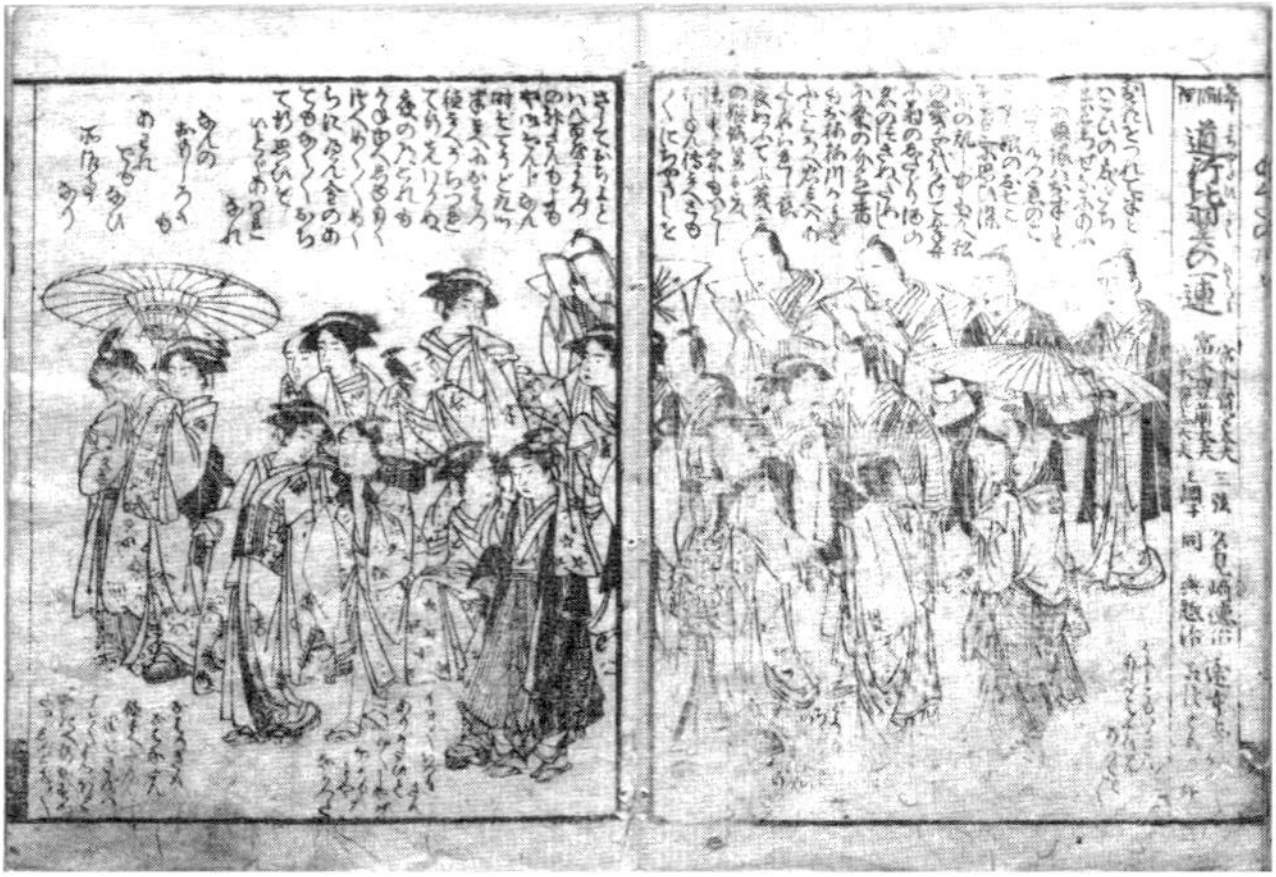

『袖から袖へ手を入てしつと引〆廿二人　書集芥の川々』　天明5年（1785）／黄表紙／国立国会図書館蔵

意の通じ合う良い仲であったと思われる。

天明六年の三和の黄表紙に『通町《とおりちょう》御《お》江《え》戸鼻筋《どのはなすじ》』（榎本屋吉兵衛版）がある。これは『江戸生艶気樺焼』の主人公である艶二郎が、作者京伝に恥をかかされたことの意趣返しをするために、三和に、京伝に恥をかかせる一作を依頼するところから始まり、色好みの京伝の一代記を、山東京伝自身にまつわるうがちをもって描いていく。この画工を務めたのが北尾政演、すなわち京伝である。楽屋落ち満載の本作は、仲良しの二人の馴れ合いによって出来ている。戯作者同士の交遊を母体として生まれていく典型的な天明期戯作である。

『夷歌連中双六』

蔦重は、狂歌界の中心人物大田南畝と懇意な仲となり、自ら蔦唐丸の狂名をもって、狂歌の世界のど真ん中に座を占めることになった。江戸中で狂歌をもてはやす中で、蔦重は狂歌師たちの発行物の制作を引き受けていく。というよりも蔦重の巧みな働きかけによって狂歌師たちがその気になった部分も大きいのであろう。もともと詠み捨てが原則であった狂歌の営為が、出版をその終着点に据える遊びとなった。

大流行の狂歌に関わる版元、四方先生御用達《ごようたし》の版元として蔦唐丸こと蔦屋重三郎の名は市中に浸透していく。蔦重に狂歌本や摺物の制作を手掛けてもらうことが狂歌師の見栄にもなってくるのである。そして、錦絵様式の狂歌摺物などに画工として制作に関わり、腕を磨いていったのがこの当時の喜多川歌麿であった。

天明四年（一七八四）に新春の景物黄表紙の様式を借りて、狂歌連が競い合って『年始御礼帳』など歳旦狂歌集を発行したことは先に述べた。天明五年の歳旦狂歌集は、これも新春の景物である双六《すごろく》の様式を借りた一枚もの「四方春興夷歌連中双六《えびすうたれんちゅうすごろく》」である。「連中」は「道中」に文字面も通わせ、廻り双六である道中双六に似せて、各コマに宿駅ならぬ狂歌師を狂歌連ごとに配置、その新春の狂歌をそこに掲載する趣向である。南畝の序文は、山

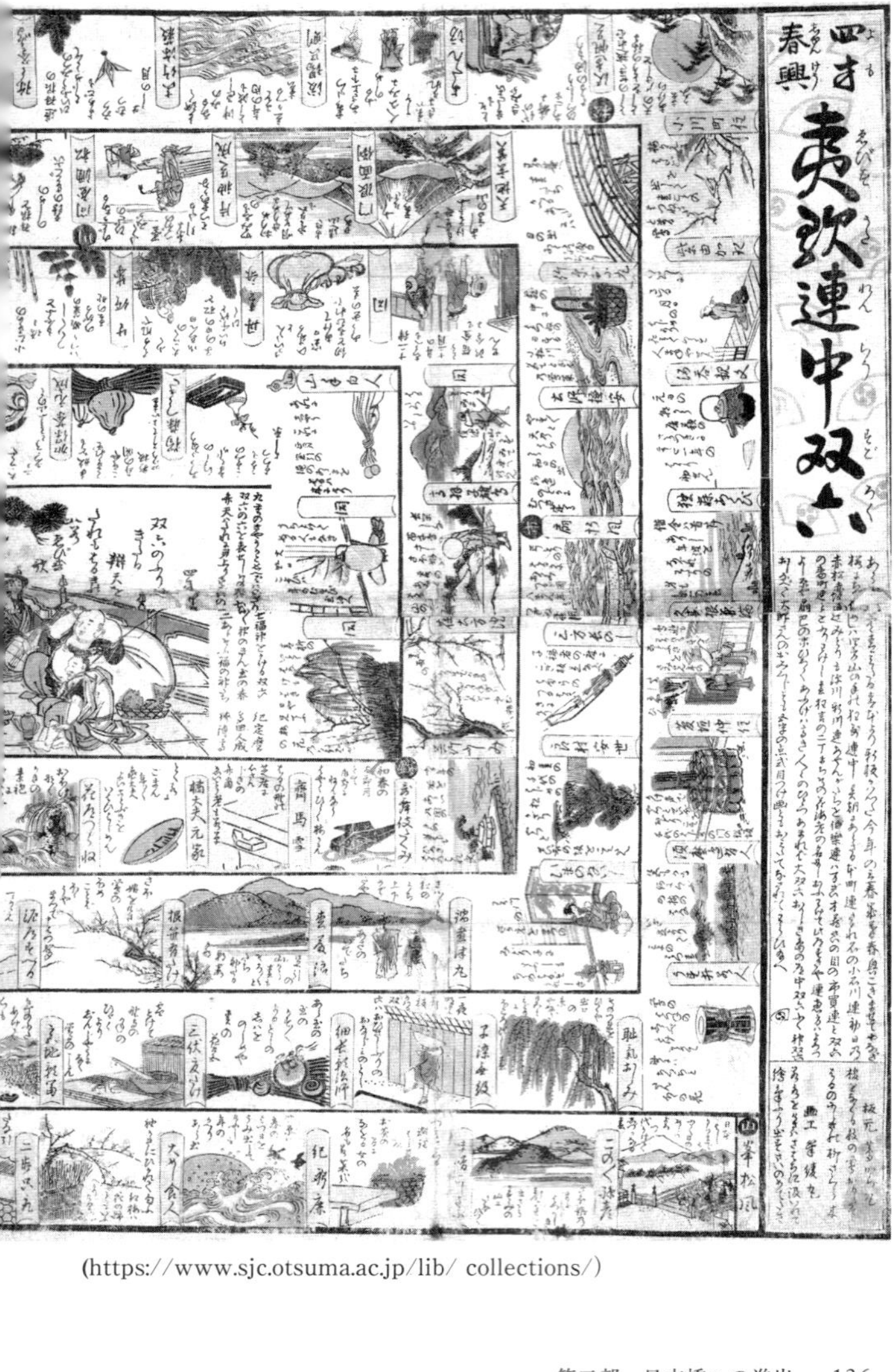

(https://www.sjc.otsuma.ac.jp/lib/ collections/)

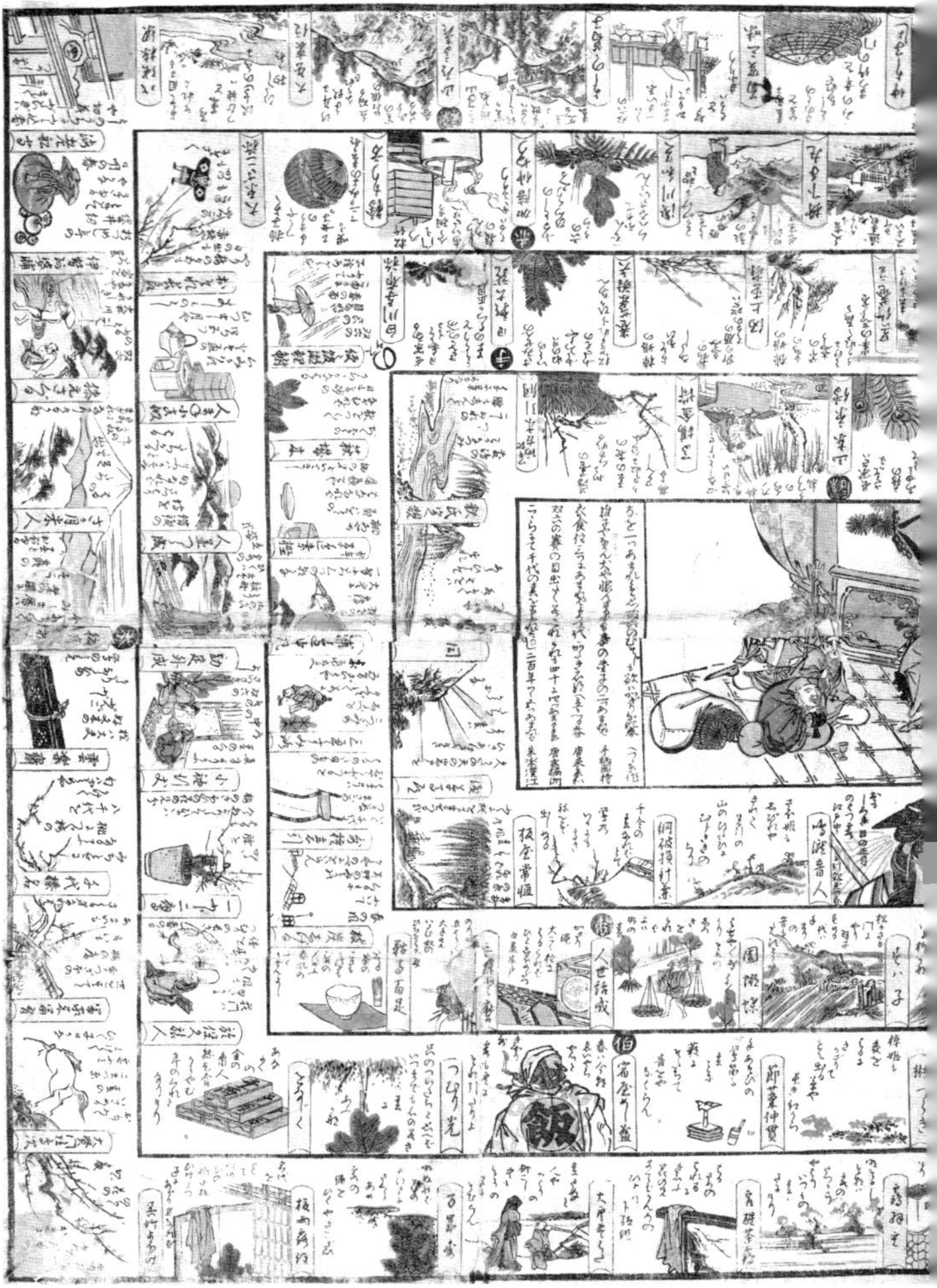

『四方春興　夷歌連中双六』　天明5年（1785）／歳旦狂歌集／大妻女子大学図書館蔵／大妻女子大学デジタルコレクション

手連をはじめとする各連の名を連ねて仕立ててあり、この一枚は各連総出の大会さながらの賑やかさとめでたさに満ちあふれている。

序文の下に刊記代わりの狂歌が載る。

板元　蔦唐丸　梭をなぐる枝の鶯おりたてよはるのにしきの柳さくら木

画工　筆綾丸　若水をけさはさはちに汲いれて絵筆ふり出すさいのめでたさ

筆綾丸《ふでのあやまる》は歌麿の狂名である。この頃の歌麿は、狂歌連御用達の摺物所蔦重店専属の腕ききデザイナーであった。

『狂歌百鬼夜狂』

天明五年(一七八五)十月十四日、蔦重を催主として狂歌百物語の会が開かれた。実際の百物語をするのは時間がかかって面倒なので、化物題の狂歌百首を詠むのはどうか、見越し入道でも出てくるのではないかという蔦重の提案で、この日は、催主蔦重のほか、大田南畝・平秩東作《へづつとうさく》・紀定麿《きのさだまろ》・唐来三和・宿屋飯盛《やどやのめしもり》・山東京伝・算木有正《さんぎのありまさ》・今田部屋住《いまだへやずみ》・

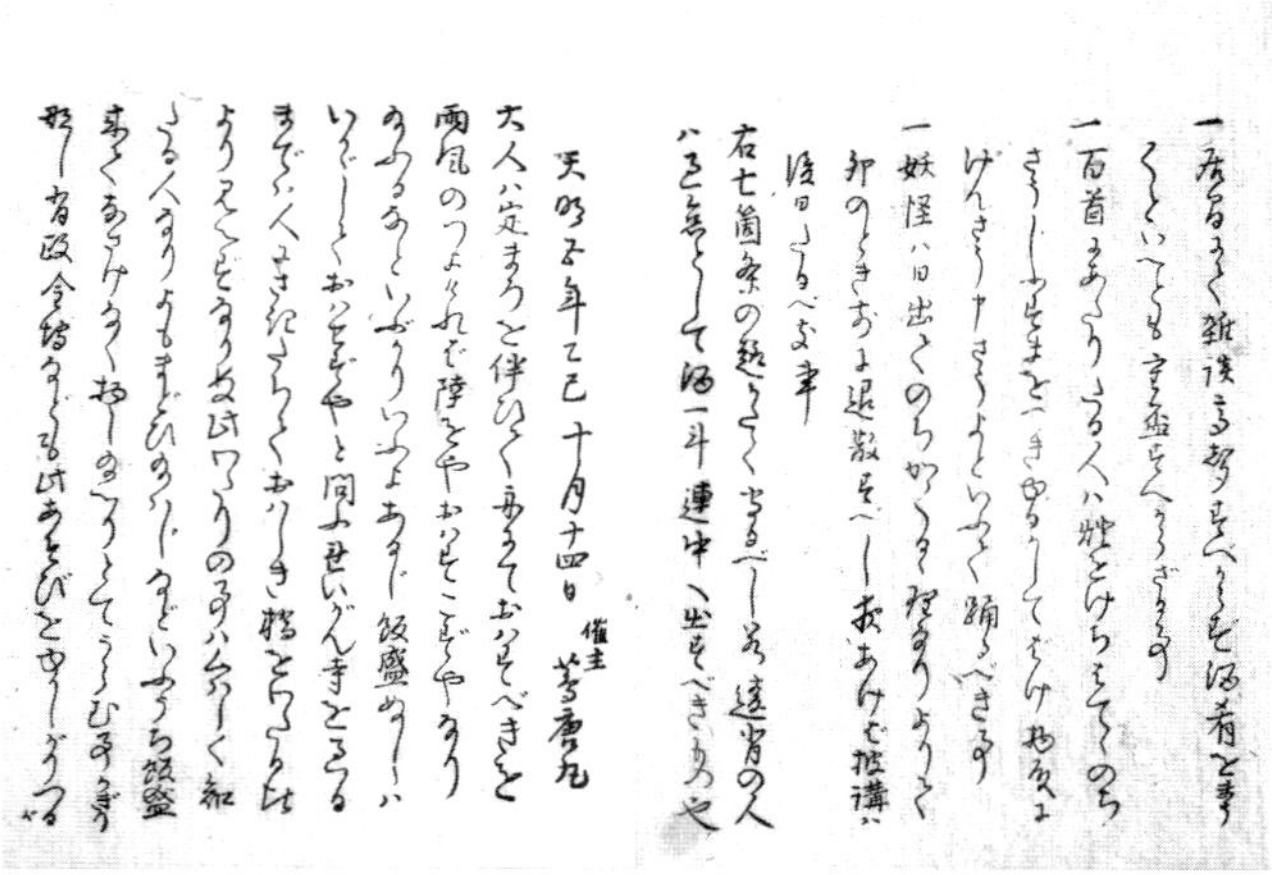

『狂歌百鬼夜狂』　天明5年（1785）／狂歌本／早稲田大学図書館蔵

頭光《つむりひかる》・馬場金埒《ばばのきんらち》・大屋裏住《おおやのうらずみ》・鹿都部真顔・土師掻安《はじのかきやす》・問屋酒船《といやのさかぶね》・高利刈主《こうりのかりぬし》の十六名の狂歌師が参加した。籤《くじ》で引き当てた化物題で狂歌を順繰りに詠み、一首詠み終わるごとに、灯心を一筋ずつ減らしていくという段取りである。

この会の顛末は、『狂歌百鬼夜狂《きょうかひゃっきやきょう》』巻頭の平秩東作「百ものかたりの記」に記されていて、彼らの遊びの詳細がよくわかる。そこに「百物語戯歌の式」七箇条が引用されていて、その最後に「右七箇条の趣かたく守るべし。若《も》し違背の人は過怠として酒一斗連中へ出すべきもの也／天明五年乙巳十月十四日　催主　蔦唐丸」とある。けっこうまじめにふざけているのである。

「百ものかたりの記」の後に百首の化物題狂歌を付して、『狂歌百鬼夜狂』は同年冬中に出版されたものと思われる。狂歌会の企画から出版にこぎ着けるまで、蔦重のお膳立てによって遊び興じる様は、蔦重とこの世界の蜜月期を示すものと言えるだろうが、版元蔦重が狂歌の世界をことさら演出する役割を担い始めたともいえるであろう。

『俳優風』

天明六年(一七八六)の『狂歌評判 俳優風《わざおぎぶり》』は黒無地表紙の横本三冊、役者評判記の体裁である。役者評判記のパロディの戯作はこれまでも品々あったが、これは角書きに「狂歌評判」とあるとおり、狂歌師の評判記である。口上によれば、狂歌師たちがそれぞれ籤引きで引いた芝居の役名を題に詠んだ狂歌を、狂歌師名を伏せて位付けした後、それぞれ役者評判記風の細評を加えたものということである。

巻末に「天明五年八月七日、蔦唐丸亭にて、朱楽菅江、唐衣橘洲、四方赤良立合之上、位附定之、同八日より十二日迄五日の内に細評稿を脱し畢」とある。蔦重宅に狂歌界の重鎮三人が集まり、狂歌の位付けを行ったもののようである。この跋文の末に巴扇の判が据えられているので跋文筆者は南畝である。したがって、三者による位付けが終わった後の

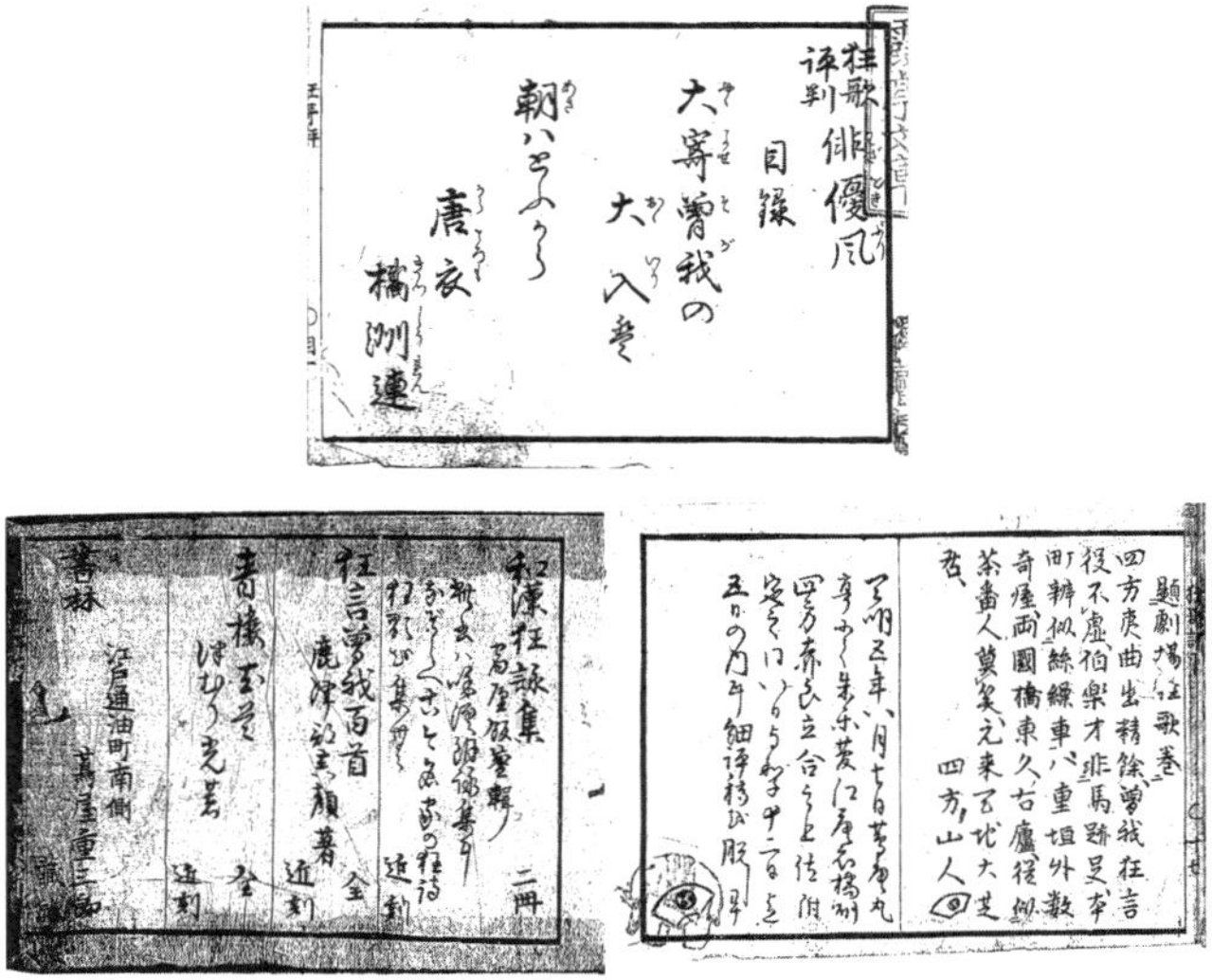

『狂歌評判　俳優風』　天明6年（1786）／狂歌本／東京大学総合図書館蔵

五日間で仕上げたという細評は南畝によるものなのであろう。

徐々に倦怠感が兆《きざ》しはじめてきた狂歌界を何とか盛り上げていこうと蔦重が企画したものと考えられる。今後を担うべき次世代の狂歌師たちが大挙して参加しているが、三巨頭を評者に据えてのこの評判記は、彼らの大きな刺激となったことは想像に難くない。

南畝の作と思われる開口は、菅江・橘洲・南畝を三軒の狂歌問屋と言い立て、そこから出店を構えて活躍している次世代を列挙する。そして「三軒問やのおも手代」、つまりそれぞれの高弟たちにその座を譲って隠居すべくこの会を開いたとする。南畝自身を含めてこの三人の癖をすべてあべこべに言い立てたうがちが笑わせられる。

まず菅江の言「われら若ひ時よりきつひ女ぎらいにて、目に見るもいぶせく、一座もならぬくらゐ」とは、菅江の無類の女好きを言っているのである。「四方の亭主」すなわち南畝の言「商売とはきつい違ひの木下戸にて酒塩にも酔ふくらゐ、ひよつと寝そびれでもすると、夜通し目をまぢまぢしているにこまります」とは、大酒飲みで寝落ちしてしまう癖を自ら明かしているわけである。橘洲は「生得まめな男にて一生昼寝といふ事をした事の無ひ人」という設定、だらしない昼寝好きなのであろう。

山師として有名な平秩東作については「仮にも山が丶つた事は話にも嫌ひな男」とあり、版元蔦重は「先年大門通から越して来た蔦屋といへるだまりぼう、先ほどより座敷の隅に目を持つていたりしが、一体遠目の効く男にて」とある。おしゃべりで、仕切りたがりで、近眼であるというのであろう。蔦重の人となりの具体的なところを知れるのも、この一書の貴重なところといえよう。

『狂歌才蔵集』

『狂歌才蔵集《きょうかさいぞうしゅう》』は天明七年（一七八七）正月刊、『万載狂歌集』（天明三年刊、須原屋伊八版）・『徳和歌後万載集《とくわかごまんざいしゅう》』（天明五年刊、同版）に次ぐ、蔦重待望の南畝による狂歌撰集である。しかし、勅撰集のパロディとしては、前二作ほどの完成度とは言えないものとなった。収められている狂歌もいささか低調で、肝心の部立てによるおかしみも不完全燃焼気味である。

天明五年に蔦重が出版した朱楽菅江撰の狂歌撰集『故混馬鹿集《ここんばかしゅう》』の中に、「よみひとしらず」として、狂歌流行の中、狂名はこるくせに肝心の歌がさっぱりな狂歌師ばかりであることを歎く撰者菅江の作と思しき狂歌が載る（糞船のはなもちならぬ狂歌師も葛西みやげの名ばかりぞよき）。それから二年後、狂歌流行は江戸市中のみに収まらず、近国にも及んで、狂歌人口は増加する一方であった。それとは裏腹に、狂歌流行を先導してきた武士作者の狂歌熱はどんどん醒《さ》めていっていた。『狂歌才蔵集』には、秀歌がなかなか集まらなかったようで、刊行前年の十一月に、この撰集に入れるべき狂歌を集めるための狂歌会を開いたりしている。南畝の編集作業もあわただしく行われたのであろう。

浅間山噴火、凶作、米価高騰、打ちこわしといった変事が続いた中、田沼意次《たぬまおきつぐ》が失脚し、代わって松平定信《まつだいらさだのぶ》が老中首座となる。そんな中での狂歌の遊びであった。幕臣等多くの

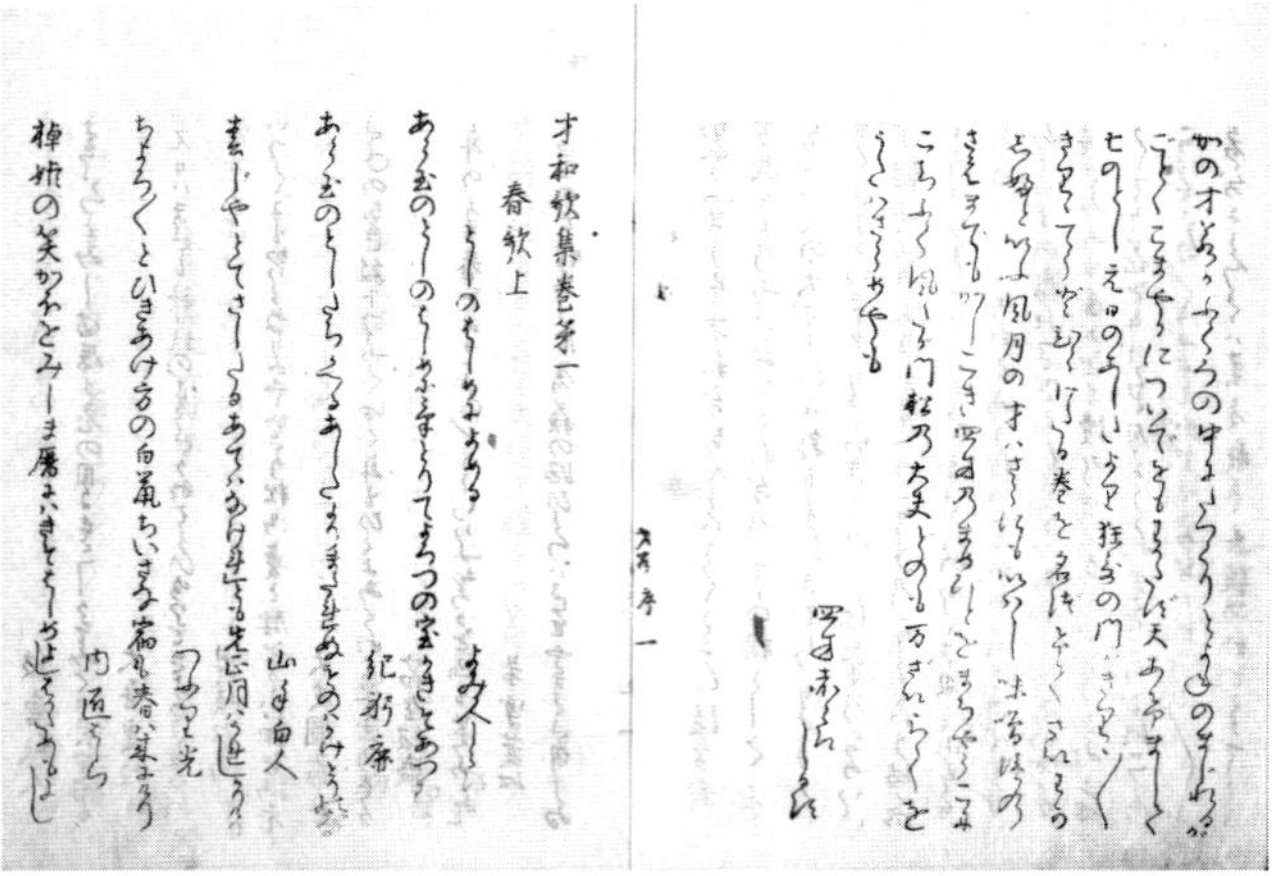

『狂歌才蔵集』　天明7年（1787）／狂歌本／立教大学池袋図書館　乱歩文庫蔵

武士にとっては、この度の政変劇による風向きの変化は心穏やかに過ごせるようなものではなかったのであろう。『狂歌才蔵集』にある不自然な空白は、版木が出来上がった後、慌てて削り去った跡のようで、そこには、田沼一派とごく近い関係にあった平秩東作の歌があったのではないかと考察されている。

『狂歌千里同風』

同年正月刊の四方側の歳旦狂歌集は『狂歌千里同風《きょうかせんりどうふう》』であった。もちろん南畝撰で、版下も南畝の手になる。国立国会図書館蔵本には南畝の識語がある。「これは天明七年丁未のとしの歳旦狂歌集なり、ことしの秋文月の頃何かしの太守の新政にて文武の道おこりしかはこの輩と交をたちて家にこもり居しも思へは三十とせあまりのむかしとなりぬ／文政四のとし卯月もちの日　七十三翁蜀山人」。松平定信の新政の下、狂歌の世界にも遊んでいられなくなったということを述懐している。

南畝は江戸人の注目の的であった。定信の改革政治に不満を持っているとか、こんな落首を詠んだとか、あらぬ噂が飛び交っていたことは、水野為長《みずのためなが》が当時の風聞を集積した『よしの冊子』にも確認できる。また南畝は、越後買米一件で死罪となった田沼意次の右

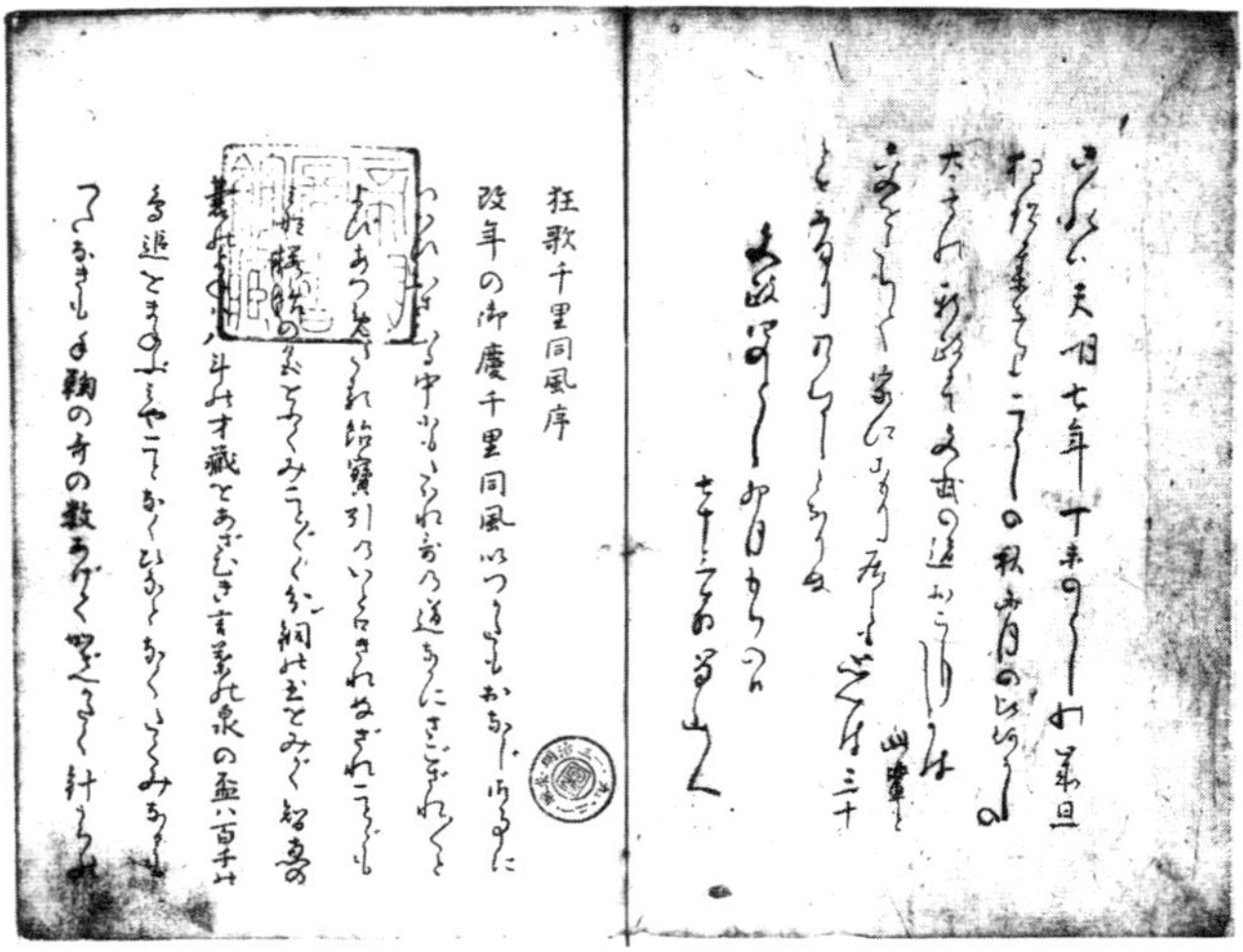
狂歌千里同風序

『狂歌千里同風』　天明7年（1787）／狂歌本／国立国会図書館蔵

腕土山宗《つちやまそう》次郎《じろう》と親しく交遊していた。田沼派一掃の政治状況の中、狂歌や戯作の世界に遊び散らかしている場合ではなく、おとなしく自粛しているしかなかったのである。この『狂歌千里同風』が最後の南畝撰の歳旦狂歌集となる。

狂歌や戯作の世界との関わりについて、蔦重もこれまでどおりとはいかない状況となった。

『吾妻曲狂歌文庫』

蔦重の仕事の中でよく紹介されて有名なのは狂歌絵本の数々であろう。北尾重政や政演（京伝）、そして歌麿が画工を務めた美麗な製本の絵本群は、蔦重一流の仕事と言って差し支えなかろう。これらをもって天明文化の粋《すい》として取り上げる向きも多い。しかし、これらは天明期の文化が自然に結実したものではなく、あくまでも蔦重が巧《たく》んだものであることを忘れるべきではないだろう。これら狂歌絵本は狂歌の世界の変容に蔦重が対応して制作したものである。蔦重はわれわれに「天明文化」を創って見せているのである。

天明六年（一七八六）正月刊『天明新鐫五十人一首 吾妻曲狂歌文庫《あずまぶりきょうかぶんこ》』は、これまでにない贅沢な造本の狂歌本である。編者は序文を書いている宿屋飯盛。各半丁に一人ずつ、当時流行の渦中にいる狂歌師の狂歌と画像を載せる趣向で、その彩色摺の画像を描いたのは北尾政演、すなわち山東京伝であった。狂歌師それぞれに扇などの持ち物やポーズなどを工夫して描き、歌仙絵のさりげないパロディのような絵作りをしていて、雅趣《がしゅ》に満ちた上質のものとなっている。

尻焼猿人を巻頭に据えて、今をときめく狂歌師五十人が顔を揃えて贅沢に描かれているこの狂歌本の制作には相当な費用がかかったことと思われる。入集者の中からなにがしかの経済的援助はあったかもしれないが、全員が入銀したものとは思えない。とにかく一流の顔触れを揃えることを主眼としているのである。それは、このような美麗な狂歌本を仕

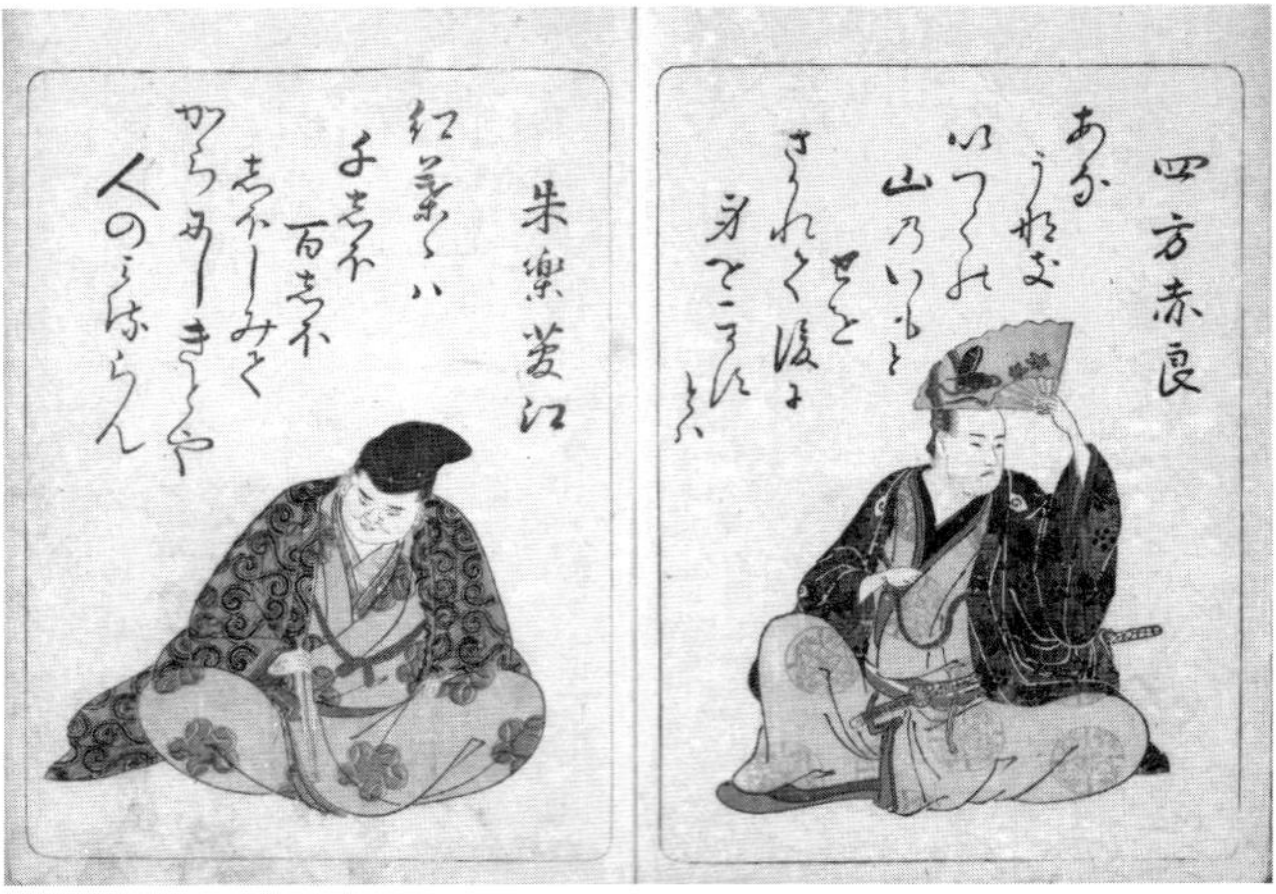

『天明新鐫五十人一首　吾妻曲狂歌文庫』　天明6年（1786）／狂歌本／東京都立中央図書館蔵

立てることのできる版元としての蔦重ブランドを高める効果を、出版の収支勘定の中に計算していたからであったと思われる。

狂歌の世界に続々と参入してきた人々にとって、このような豪華な顔触れの中に混じって自分も描かれてみたいと思わせるに十分な仕立てである。刊記のところに「後編狂歌五十人一首　彩色摺　近刻」という広告がある。これに反応して、少々高額の入銀でも入集してみたいと思う駆け出し狂歌師は少なくなかったと思われる。

この後編の企画は翌年の天明七年正月刊『百人一首古今狂歌袋《ここんきょうかぶくろ》』として実現する。雄長老《ゆうちょうろう》や暁月房《ぎょうげつぼう》など古人も多く登場させていることもあるが、予定の倍、百人の画像集となった。『吾妻曲狂歌文庫』にも登場していた人気の狂歌師たちも、もちろんここに収められているが、狂歌を詠み始めて日の浅いと思われる者も多く含まれている。『吾妻曲狂歌文庫』出版の効果は小さいものではなかったようである。

『絵本江戸爵』

天明六年（一七八六）正月、半紙本三巻三冊の狂歌入り墨摺絵本を三点蔦重は出版する。北尾重政画の武者絵本『絵本八十宇治川《えほんやそうじがわ》』、同じく重政画の江戸名所絵本『絵本吾妻抉《えほんあずまからげ》』、

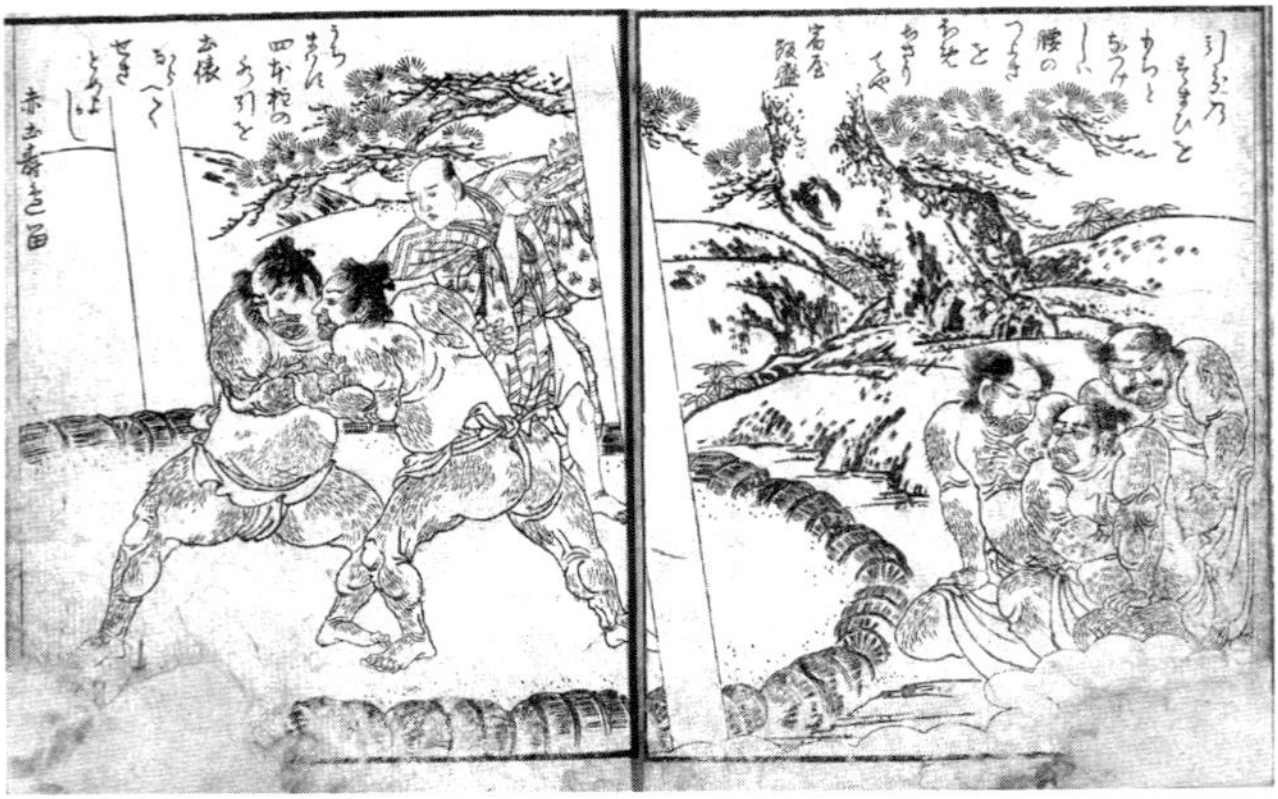

『絵本江戸爵』　天明6年（1786）／絵本／東京藝術大学附属図書館蔵

歌麿画の江戸名所絵本『絵本江戸爵《えほんえどすずめ》』である。三点同時刊行というのがミソで、序文筆者はそれぞれ大田南畝・唐衣橘洲・朱楽菅江の狂歌界の三巨頭という趣向である。編者は蔦唐丸、蔦重である。誂《あつら》えた絵の画題に合わせた狂歌を狂歌師たちに依頼して、それを絵にはめ込んで制作したのである。

狂歌を詠み合う集まりから生まれた狂歌ではない。そのような場をもはや想定せず、終始版元の手の内で狂歌本が出来上がっているのである。このような器に自分の狂歌を載せたいという願いは入銀しだいで叶えられただろう。狂歌の世界と蔦重との関係は大きく変わり始めていたのである。

なお、『絵本江戸爵』は、歌麿の絵本初作となる。翌天明七年正月刊の『絵本詞《ことば》の花』（半紙本二巻二冊、墨摺）はこれに次ぐ歌麿画の狂歌絵本である。市中風俗や古典に取材した絵に狂歌を取り合わせたもので、宿屋飯盛の序に「ことしえりたるふたつの巻は堪能重代重三郎がくもらぬ眼鏡のゑらみにして」とあって、これも前年の『絵本吾妻抉』等三点の狂歌絵本と同様の出版経緯のものと思われる。

『画本虫撰』

天明八年（一七八八）正月刊の『画《え》本《ほん》虫《むし》撰《えらみ》』は歌麿絵本の逸品として名高い。下巻に歌麿の画道の師である鳥山石燕の序を載いているところにも、一流の画工として歌麿を売っていこうとする蔦重の意図が見える。数ある蔦重版中の一名物と言ってもよいだろう。上下二巻、見開き一丁に植物と二種の「虫」を描いた豪華な彩色摺で十五図、型押しなど木版印刷の技巧が凝縮されたような美麗なものである。そして、そこに描かれた虫を題にした恋の狂歌を二首番《つが》えて歌合《うたあわせ》形式の狂歌絵本としている。狂歌の撰者は飯盛である。

上巻巻頭には尻焼猿人（酒井抱一）と四方赤良（大田南畝）の狂歌が据わっているが、これは当然の配置であろう。続いて唐衣橘洲と鹿都部真顔、これももっともな配置。朱楽菅江は下巻の最初である。他に紀定丸・浅草市人《あさくさのいちんど》・頭光・宿屋飯盛・唐来三和・問屋酒船など、

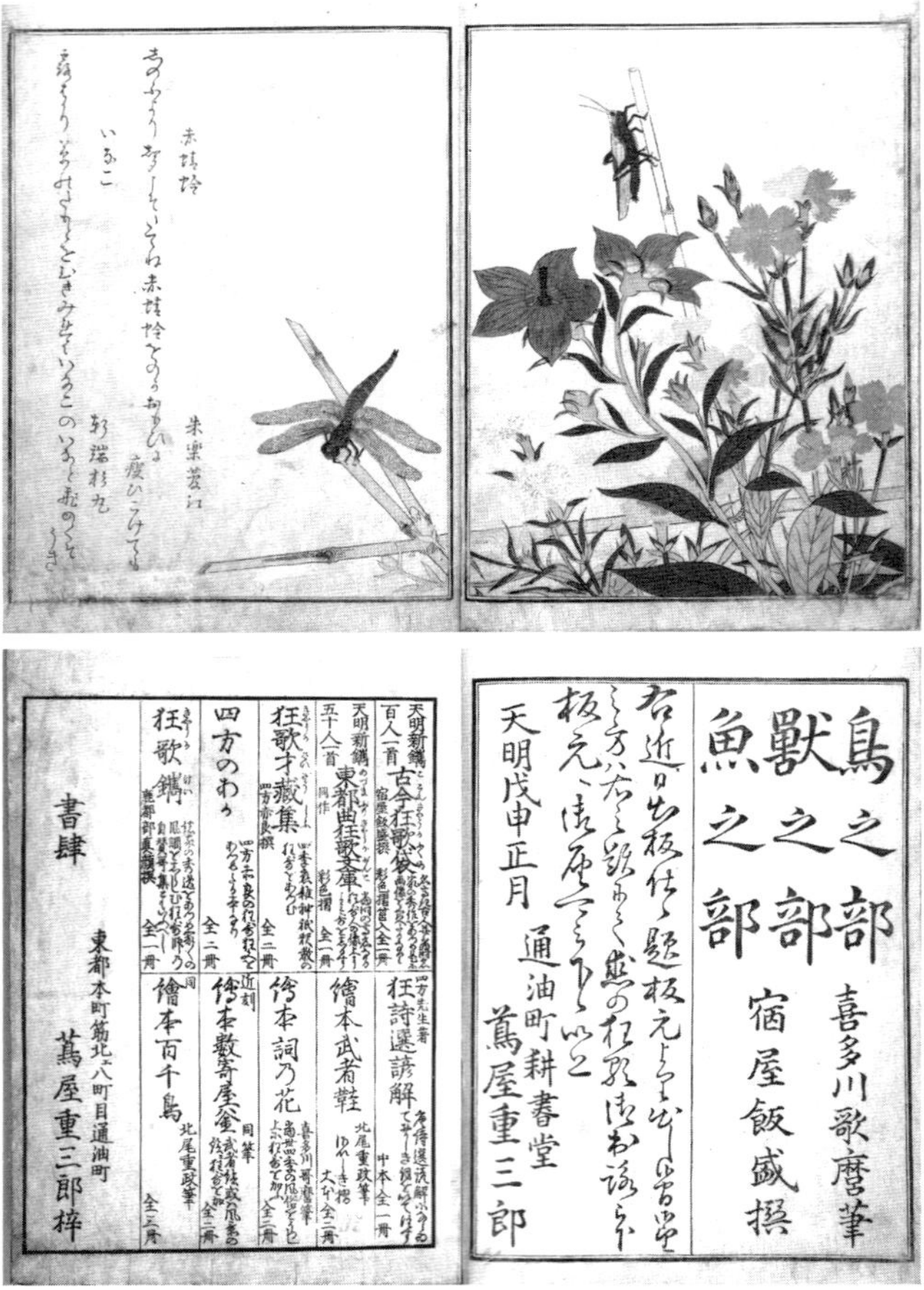

『画本虫撰』　天明8年（1788）／狂歌本／国文学研究資料館蔵

入集して当然の顔触れが並ぶ中、酒楽斎瀧麿《しゅらくさいたきまろ》という狂名に出くわす。彼は駿河《するが》府中二丁町の茶屋の主人吉野屋酒楽《よしのやしゅらく》である。前年頃江戸にやってきて、南畝はじめ狂歌師たちと交遊、自身をモデルにした黄表紙『吉野屋酒楽』（仮題）を北尾政美画、京伝作で蔦重に作らせたり、瀧麿夫婦の道中を描いた「三保の松原道中」と呼ばれている錦絵二枚続を歌麿画で蔦重から出させたりしていた。

なお、この絵には赤良・光・飯盛の狂歌賛を入れている。いずれも『画本虫撰』刊行と同年の天明八年の出版と思われる。彼は、狂歌流行の中、江戸の有名狂歌師と親しく交遊している自分を、出版物を使って世に喧伝することを目論んだのである。蔦重は、そのような需要に応えて入銀次第の「広告媒体」を提供したわけである。『画本虫撰』には、彼以外にも、人気や狂歌の実力よりも金の力で入集したと思われる狂歌師が散見される。この豪華な絵本の制作費用の少なからぬ部分が彼らの入銀によってまかなわれたであろうことは想像に難くない。

『画本虫撰』の刊記には、この虫の部に続いて喜多川歌麿筆、宿屋飯盛撰による「鳥之部」・「獣之部」・「魚之部」を続刊することを予告し、「右近日出板仕候題板元より出し候間、御望之方は右之題にて恋の狂歌御出詠被下、板元へ御届可被下候。以上」という蔦重の口上を添えている。金さえ出せば贅沢な仕立ての狂歌絵本に狂歌を載せることができるのである。なお、この内「鳥之部」は、寛政三年（一七九一）刊『百千鳥狂歌合《ももちどりきょうかあわせ》』として実現する。

これに続く歌麿画の彩色摺狂歌絵本に、寛政元年刊『潮干《しおひ》のつと』がある。貝尽くしの写生画で、狂歌は八重垣《やえがき》連中心のもので朱楽菅江が撰者である。ついで出版されていく『狂月坊《きょうげつぼう》』（寛政元年八月）・『銀世界《ぎんせかい》』（寛政二年正月）・『普賢像《ふげんぞう》』（寛政二年三月）は月・雪・花をテーマにした豪華な彩色摺の挿絵を入れた絵入狂歌本の三部作で、いずれも歌麿絵本の傑作として名高い。

『絵本吾妻遊』・『絵本駿河舞』

歌麿画『絵本吾妻遊《あずまあそび》』と『絵本駿河舞《するがのまい》』は、前編・後編の関係にある。それぞれ半紙本三巻三冊の狂歌絵本で寛政二年（一七九〇）正月の刊行である。天明六年（一七八六）刊の墨摺狂歌絵本と同様の様式で、この二点はともに江戸名所の絵本となる。撰者は奇々羅金鶏《ききらきんけい》で、どちらも彼の序文を備えている。

奇々羅金鶏は、上州七日市《なのかいち》藩の藩医であったが、天明末に江戸にやってきて著名な狂歌

『絵本吾妻遊』　寛政2年（1790）／狂歌絵本／メトロポリタン美術館蔵

『絵本駿河舞』　寛政2年（1790）／狂歌絵本／小泉吉永提供

師たちとの交遊をはかった。京伝作、歌麿画で自分を主人公にした黄表紙『嗚呼奇々羅金鶏《ああききらきんけい》』を天明九年に蔦重から出版したりもしている。瀧麿の『吉野屋酒楽』と同様、自分の名を広めるために蔦重に誂えたもので、あきらかに彼の入銀本である。

瀧麿と金鶏、自己顕示欲旺盛、同臭の二人は通じ合うところも多かったようである。この二つの狂歌絵本も、この二人と、彼らと親しい寝《しん》語《ご》軒《けん》美隣《みりん》などの、これまた同臭の狂歌師の入集、入銀で成り立ったものと推測される。

狂歌の裾野が拡大を続ける中、出版物に自分の歌と名前をとどめて世に知らしめたい狂歌師も増加していく。狂歌集出版の需要も高まる中、彼らの欲求に働きかけ、彼らの欲求を叶えるところに蔦重は商売を展開していったのである。歌麿は、そのような蔦重工房専属の優れた画工であったわけであるが、寛政三年以後は、徐々にこのような仕事から遠ざかっていくことになる。

第三部　江戸から全国へ

天明三年（一七八三）四月からうち続いた浅間山噴火は一帯を火砕流に呑み込み、火砕流にせき止められた河川は氾濫を繰り返した。降灰が田畑を荒らした上、日照も不足し飢饉がはじまる。米価は高騰、銭相場は下落、多くの流民《りゅうみん》を抱え込まざるを得なくなった江戸では打ちこわしも起こった。

田沼意次政権は大きな逆風にさらされはじめた。洪水により印旛《いんば》沼干拓事業も頓挫を余儀なくされる。天明四年三月、意次の一子田沼意知《おきとも》が江戸城で斬り付けられて命を落とす。天明六年八月、将軍家治《いえはる》死去、意次は老中職を解任され、十月に隠居を命ぜられる。そして、天明七年六月、白河藩主松平定信が老中首座就任、田沼派の掃討が始まる。

江戸市中を吹く風も変わらざるをえない。江戸という都市の高揚感の中、町人世界に融け込み田沼時代を謳歌していた幕臣や他藩の者たちも、彼らとの蜜月の中で営業を展開してきた蔦重も、歩を進める方向の修正を迫られることになる。

第八章　寛政の改革と軌道修正

戯作はうがちの鋭さを誇る遊びでもある。鮮度が命。流行や事件、ほかの人間がまだ気付かずにいる情報や視点を、センスの良い切り口・語り口でいち早く提示するのがかっこいいのである。この度の政変劇は黄表紙の恰好のネタとなった。正月という季節限定の一過性の出版物、たかが子どものもてあその青本である。いつものように気軽に筆を執ったものなのであろう。評判の心地よさが背中を押して、よりきわどいところへと遊びはエスカレートしていく。

『文武二道万石通』

恋川春町の天明八年（一七八八）正月刊の黄表紙『悦贔屓蝦夷押領《よろこんぶひいきのえぞおし》』は、田沼意次による調査、そして政変によるその頓挫等によって高まった蝦夷《えぞ》地に対する世の関心を背景としているが、同年刊の喜三二作品『文武二道万石通《ぶんぶにどうまんごくどおし》』（喜多川行麿画）も、定信政権による改

『文武二道万石通』 天明8年（1788）／黄表紙／国立国会図書館蔵

革下の世相、特に武家社会の混乱という時局を題材にしたことで大評判を呼んだ黄表紙として有名である。

秩父庄司《ちちぶのしょうじ》重忠《しげただ》が源頼朝の下知を受けて、文にも武にも疎いぬらくら武士を、どちらかへ選別していくという筋であるが、重忠に定信を重ねて読ませる意図は明白で、その露骨さを朧化《ろうか》するために数次の改刻が行われている。これも評判になりすぎたがゆえのことである。「穴を詳しく探しましたれど、見物には一々分かりかねます」という書き入れにあるとおり、各場面に仕掛けられた幕政の内情や武士たちの対応に関するうがちを読み解かせる趣向が人気となったのである。

『鸚鵡返文武二道』

この喜三二作品に応じて春町が作ったのが、天明九年（正月に改元して寛政元年／一七八九）刊『鸚鵡返文武二道《おうむがえしぶんぶのふたみち》』（北尾政美画）である。定信治世下における幕臣たちの倹約や文武のかけ声への対応をモチーフとし、喜三二作品以上にうがちは露骨で過激である。幕政風刺を意図したもののように一般に言われているが、『文武二道万石通』と同様、あくまでも茶化しに過ぎないものであろう。

「学問の道、日々に盛んになり」、武士客が書物問屋須原屋伊八店にやってくる場面がある。当時話題になっていた定信の著作『鸚鵡言《おうむのことば》』（この黄表紙のタイトルはこれをきかせている）を当て込んだ「秦吉了《きゅうかんちょう》の言葉」を求めに来ているのであるが、さりげなく「経典余師《けいてんよし》」の看板が店先に吊されている。これは渓百年《たにひゃくねん》の編著で、天明六年に四書之部が出版されている。

この書籍は、師に就かずとも平がなさえ読めれば経書の素読と読解を自学自習できるというのが特色であった。寛政改革下、にわかに学問に励まなくてはならなくなった不勉強の幕臣たちに大いに重宝されたようで、これはそのさりげないうがちである。この黄表紙は大いに評判を呼び、三月頃まで江戸市中で呼び売りされたという。

『鸚鵡返文武二道』　寛政元年（1789）／黄表紙／東京都立中央図書館蔵

喜三二は、佐竹藩の思惑もあってか、『文武二道万石通』を最後に、以後黄表紙に筆を執らなくなる。春町は本作の件で出頭を命ぜられたものの病気を理由に応じなかったと伝えられ、同年七月に没する。自殺の噂も流れた。文学史や文化史では、これを筆禍と捉えて、定信治世下の言論弾圧とする向きもあるが、そもそも言論が自由であるべきであるとする概念も当時は無かったし、あまりにも現代目線での捉え方である。筆禍というより自粛と捉えるのが実情に近かろう。

『奇事中洲話』

山東京伝も、この間の政変劇や改革下の風潮をうがつ作品を多数残している。『飛脚屋忠兵衛 仮住居梅川 奇事中洲話《きじもなかずわ》』（北尾政美画）は天明九年（寛政元年／一七八九）刊。田沼の側近、勘定組頭土山宗次郎は買米の不正一件で死罪となる。彼と彼の身請けした吉原大文字屋の誰袖《たがそで》についての風聞を『曽根崎心中《そねざきしんじゅう》』の梅川・忠兵衛の話に通わせて朧化している。加えて、隅田川で死をとげ、その後閻魔の寵愛を受けて地獄にいたという設定の仙台高尾《せんだいたかお》（吉原の伝説的遊女）と荻野八重桐《おぎのやえぎり》（女形の役者）の二人が地獄を出奔して娑婆《しゃば》に舞い戻り、梅川と忠兵衛の話にからんでくる。それぞれがそれぞれの世界を引きずっての展開は複雑かつ

『飛脚屋忠兵衛仮住居梅川　奇事中洲話』　天明9年（1789）／黄表紙／東京大学総合図書館蔵

巧みな諧謔を形作り、政変一局のうがちはさらに朧化されていく。

上巻始めの三場面は、一見、梅川・忠兵衛の話に沿った絵で構成され、それを見ている者たちが絵解きしている声を書き入れにする趣向。しかし、絵の中に、巧みに買米一件に関わる要素を隠し入れていて、それらを読者が読み解く仕掛けとなっている。

『照子浄頗梨』

同じく京伝作の『地獄一面照子浄《かがみのじょう》頗梨《はり》』（自画）は寛政二年（一七九〇）の出版である。小野篁の地獄巡り説話を主筋としたもので、閻魔大王に招待された篁がさまざまな地獄を見物するという趣向で、それぞれの地獄の場面の多くが寛政改革下の世上をうがっている。

たとえば「暗闇地獄」。書き入れに「無学文盲なる罪人をやって責め給ふ所也」とあるように、この場面は、不勉強の幕臣たちがにわかに学問をせざるを得なくなった状況を茶化している。見開きの一場面を二つに分割し、右下にはより重症な亡者二人が燭台の下で本を読んでいる。科白に「ねつから読めねへ。女郎の文さへ女房に読んでもらつたおれだから、そのはづの池(不忍池の地口《しのばずのいけ》)だ」とか「わしは忠臣蔵を読みやす。おめへの読むのは八文字屋ものか」と、浄瑠璃本や八文字屋本《はちもんじや》といった娯楽的要素の強い読み物から読書を始めているが、「モシこの字はなんと読むね」「さればこそ大事のことをお尋ねなれ。正直わつちも知らねへて」と中々進歩の兆しが無い。

左上は学問が身についてきて暗闇から浮かびあがった亡者二人が鬼の先生に素読を授けてもらっているところであるが、比喩ではなくリアル鬼であるところが笑える。悟りの境地のたとえである真如《しんにょ》の月が先生の書見台を照らしているのも秀逸。「今まで暗闇地獄におつたがくやしい」とか「足下《そっか》はこのごろ出た経典余師をご覧じたか。恨むらくは間に合いすぎますの」とかの科白がある。『経典余師』が幕臣の間に合わせの学問に重宝したこ

『地獄一面　照子浄頗梨』　寛政2年（1790）／黄表紙／東京都立中央図書館蔵

とをうがっているが、この書籍が民間でも話題となっていたことがうかがえる。民間にも学問志向が起こり始め、自学自習で学問の世界に入っていけるように仕立てられた『経典余師』に注目が集まり始めているのである。

『本樹真猿浮気噺』

寛政二年(一七九〇)刊『本樹真猿浮気噺《もときにまさるうわきばなし》』は蔦唐丸の黄表紙初作である。主人公天埜邪九郎《あまのじゃくろう》がさまざまな珍商売を案じては失敗する様を描く。自序に言うように、恋川春町の『無題記《むだいき》』以来の「未来記」の趣向を継承した黄表紙で、珍商売をつぎつぎ案じてみせるところを主筋とする。しかし、手際の良い作とは到底言えず、さほど面白みがない。蔦重ががんばって作った紛れもない自作としてよいであろう。

武士作者が不在となり、狂歌壇・戯作壇の様相は大きく変化した。作者不足を自ら補う意味もあったろうが、この世界に居場所を得て作者としても元気に活躍している版元というブランドイメージの維持が主たるねらいであったろう。

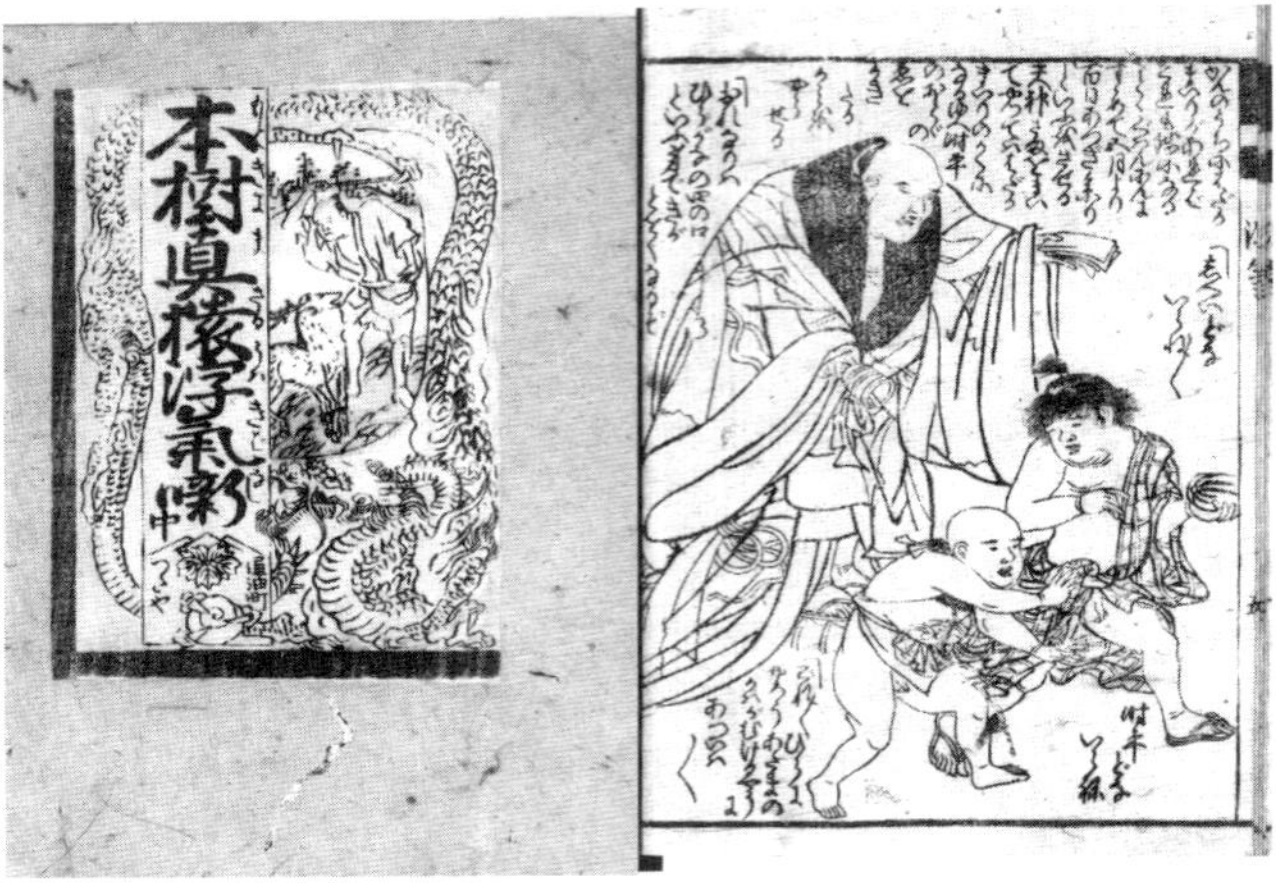

『本樹真猿浮気噺』　寛政2年（1790）／黄表紙／東京都立中央図書館蔵

『箱入娘面屋人魚』

『箱入娘《はこいりむすめ》面《めん》屋《や》人魚《にんぎょう》』は寛政三年（一七九一）正月に刊行された山東京伝作画の黄表紙である。「まじめなる口上」と題した序文は末に「板元　蔦唐丸」と署名されていて、口上の下に裃《かみしも》姿の蔦重を描く。前年の春「悪しき評議」を受けたことを恥じて今年から戯作の執筆をやめたいとの山東京伝の申し出に対して、店が急に衰微してしまうので、せめて今年だけは作品を執筆してくれと頼んだところ、長い付き合いに免じて執筆してくれたので、新版の洒落本と黄表紙をぜひご覧いただきたいという趣旨の口上である。

「悪しき評議」とあるのは、画工を務め

『箱入娘面屋人魚』　寛政3年（1791）／黄表紙／東京都立中央図書館蔵

た寛政元年刊の『黒白水鏡《こくびゃくみずかがみ》』（石部琴好《いしべきんこう》作）が、幕政を茶化したことが不届きであるとされて、京伝も罰金に処せられたと言われていることを指していると論ずる向きもあるが、その事実を証する史料は見当たらない。この「口上」、蔦重の意を受けてのものかどうかわからないが、京伝自身の手になることは明らかで、このような形で、戯作執筆に気乗りしない事情を表明したのであろう。

釣船屋平次はつかまえた人魚を妻にするが、その人魚は浦島太郎と中洲の女郎との間に生まれた者であった。困窮している平次を助けるべく人魚は遊女勤めをするがうまくいかない。そこで、不老不死の能力を活かして「人魚嘗《な》め所」を始めて、これが大当たりする。平次も若返ろうとして嘗めたところ、嘗め過ぎて子どもになってしまう。そこに現れた浦島太郎が渡した玉手箱を開けるとちょうどよい若者になる。人魚は人間に嘗められすぎて鱗が無くなり人間になるという黄表紙らしいばかばかしい話。さまざまな世界をない交ぜにした複雑な展開をうまくつなげながら、最新のうがちに富んでいて、京伝らしい濃密な滑稽がふんだんに盛り込まれた贅沢な作品となっている。

『錦之裏』

『錦之裏《にしきのうら》』は山東京伝作の洒落本で、寛政三年(一七九一)の出版である。「青楼昼之世界」と内題等にあるように、錦にも例えられる吉原の夜の世界に対してその裏、すなわち昼の世界を描く趣向。「夕霧阿波鳴渡《ゆうぎりあわのなると》」や「廓文章《くるわぶんしょう》」など演劇世界で有名な夕霧《ゆうぎり》・伊左衛門《いざえもん》を主人公に、明け烏《がらす》の鳴き声から始まり、夜見世が始まる七ツ時までの時々刻々、さまざまな商人が入り込み、禿などが日常の用足しをする姿などのスケッチを織り込む。京伝ならではのうがちが読み所である。

題簽は方形のもので、大書した標題とともに、次のように書かれている。

礼しや　蔦屋重三郎ねんしのぎよけい申入ます トいひすて、こそかへりける むすこ　これはや〳〵トかたじけない　コリヤおとし玉 トとりあげてみれば れいのせうさつ ウ、なに〳〵
せいろうひるのせかい
錦之裏《にしきのうら》　完
京伝著
ハテナア○トよみおはりその小冊をひらけば

本作は、同じく京伝の手になる『大磯風俗仕懸文庫《しかけぶんこ》』『手管詰物娼妓絹籭《しょうぎきぬぶるい》』と同時に出版された。寛政三年三月、この三作を公刊したことが咎められて、京伝と蔦重、地本問屋前年十二月行事二名が町奉行初鹿野《はじかの》河内守に召し出されることになる。結果、京伝は手鎖五十日、

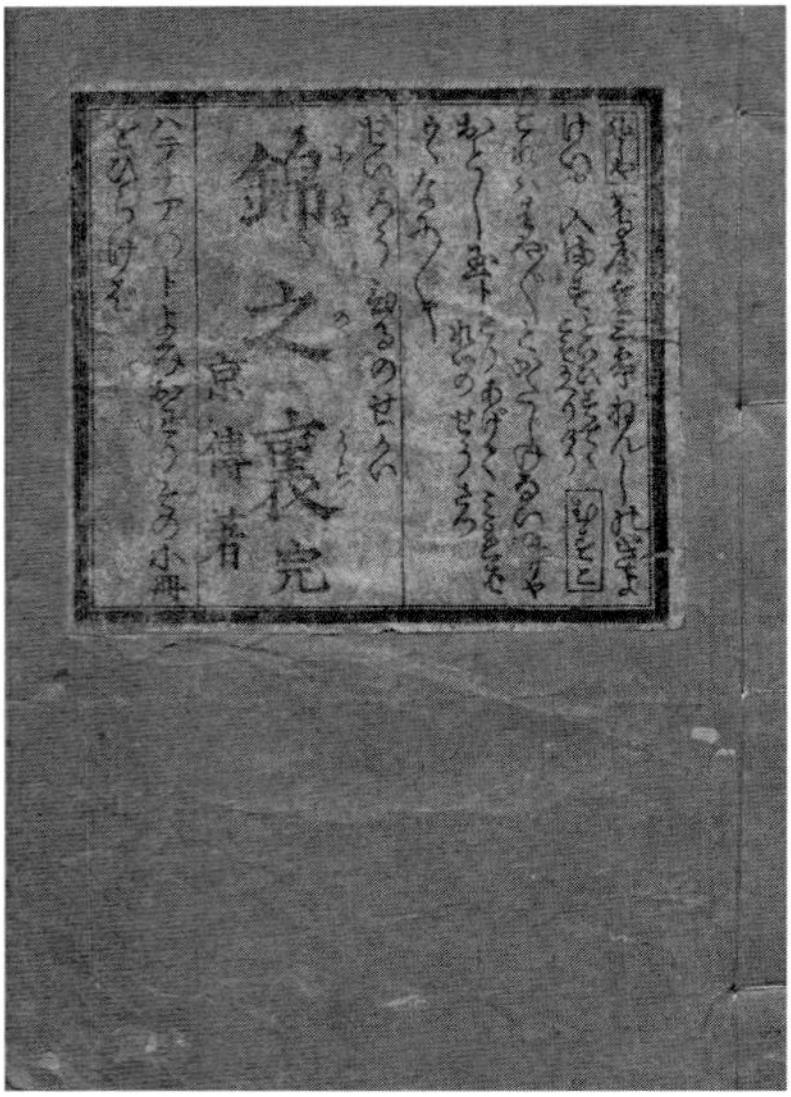

『錦之裏』　寛政3年（1791）／洒落本／東京大学駒場図書館蔵

蔦重は身上半減の重過料、行事二名は商売取り上げの上所払いという処罰が下る。この一件、仲間内での改めを徹底した上で出版を行うようにという前年十一月に出した町触の実効性を高め、新たに設立された地本問屋仲間の事前改めの役割を徹底させるための挙であったと考えられる。行事二名の重い処罰といい、地本の世界でもっとも派手に振る舞っている京伝と蔦重とをことさらやり玉にあげたことといい、見せしめ的な匂いを強く感じるのである。

寛政期を境にして江戸時代は大きなカーブを描いて変化していく。老中田沼意次が失脚し、代わって老中首座となった松平定信によって寛政改革が推し進められたということは高校までの授業で習うところである。しかし、その政変劇はカーブを構成する一要素に過ぎない。カーブの曲がり方を強める方向に働いたに過ぎないという言い方のほうが正しいかもしれない。

大きなカーブを構成する曲線は、歴史に名を残すことの無いような民間の普通の人々一人一人の営為の総体が形作るものである。蔦重は、民間のまなざしとささやかな動きを捉えて掬《すく》い取り、自らの向かう先を定めていく。

『即席耳学問』

寛政二年（一七九〇）、蔦重は市場通笑《いちばのつうしよう》の黄表紙二点を出版する。『即席耳学問《そくせきみみがくもん》』（画工不明）と『忠孝遊仕事《ちゆうこうあそびしごと》』（歌麿画）である。市場通笑は「教訓の通笑」の異名を取った作者で、真面目で滑稽みの薄い作風で知られている。

蔦重が通笑の黄表紙を手掛けるのは初めてである。『即席耳学問』自序に、蔦重が「例《れい》の教訓異見《きやうくんいけん》のうつとうしいも随分承知之助《ずいぶんしやうちのすけ》」と作の依頼に来たことを記している。うがちと笑いに富んだ黄表紙が盛行していた天明後半期、彼の作は求められなくなって、しばらく休筆していたところでの蔦重からの需《もと》めであった。作者払底という事情だけではなく、武家社会のみならず、民間にも、真面目志向の空気が流れ、平易に人の道を説く石門心学

『即席耳学問』　寛政2年（1790）／黄表紙／東京都立中央図書館蔵

が流行していく。そんな最中、「教訓異見のうつとうしい」黄表紙をことさら望んでの起用であった。意外性による話題作りという蔦重らしい戦略でもあったろう。

本作は、一人息子をわがまま放題に育てている主人公が隠れ蓑・隠れ笠を大黒天をまつる甲子《きのえね》待ちの時に授かり、それを着用してさまざまな世界を覗き見る中で、鳥や獣や魚類たちの徳の高さに感じ入り、反省して息子をしっかり教育するようになるという内容である。心学講釈をそのまま絵解きしたようなこの作の最後は大黒天の次のような教訓で締めくくられる。

「おぬしはあまりものを読《よ》まぬそうだが、正直一辺《へん》で済《す》んだからいゝが、鳥《とり》けだ物も、今言《い》ふとをり正直。それで人間《にんけん》のせんがない。とかく息子《むすこ》には読《よ》ませて人の道ある事を教《おし》へやれ」、また「とかく読《よ》ませやれ。読《よ》むに超《こ》えた宝はおれも持《も》たぬ」と大黒天は諭《さと》す。読むという行為は「道」の発見・自覚につながる。「大黒《こく》天の仰にまかせ、息子《むすこ》七才より孝経《こうきやう》大学《がく》をよませ、手前《てまへ》も側《そば》にて相伴《しやうばん》の学問《がくもん》、今までは我《われ》ばかりよかれと思ひしを、我より人《ひと》をよかれと思《おも》ふ」ようになり、めでたし、めでたし。

蔦重の注文どおりの作柄であろう。この笑えない作品がどれだけ受け入れられたかはわからないが、時代の空気、またその行方を蔦重がどう読んでいたのかを理解するのには重要な作品といえよう。

『人間一生胸算用』

心学の流行と心学者中沢道二《なかざわどうに》の人気をあてこんだ京伝の黄表紙『心学早染草《しんがくはやぞめぐさ》』（寛政二年刊、大和田安兵衛版）は、人間の善悪の心の動きを、善玉・悪玉というキャラクターを設定して可視化した趣向が評判を呼び、大いに流行した。蔦重は、さっそく続編『悪魂後編 人間一《にんげんいっ》生胸算用《しょうむなざんよう》』（北尾政演画）を京伝に書かせ、翌三年に出版する。そもそも『心学早染草』は、心学の流行をうがって笑いを誘うところがねらいであり、心学講釈を絵解きしたような場

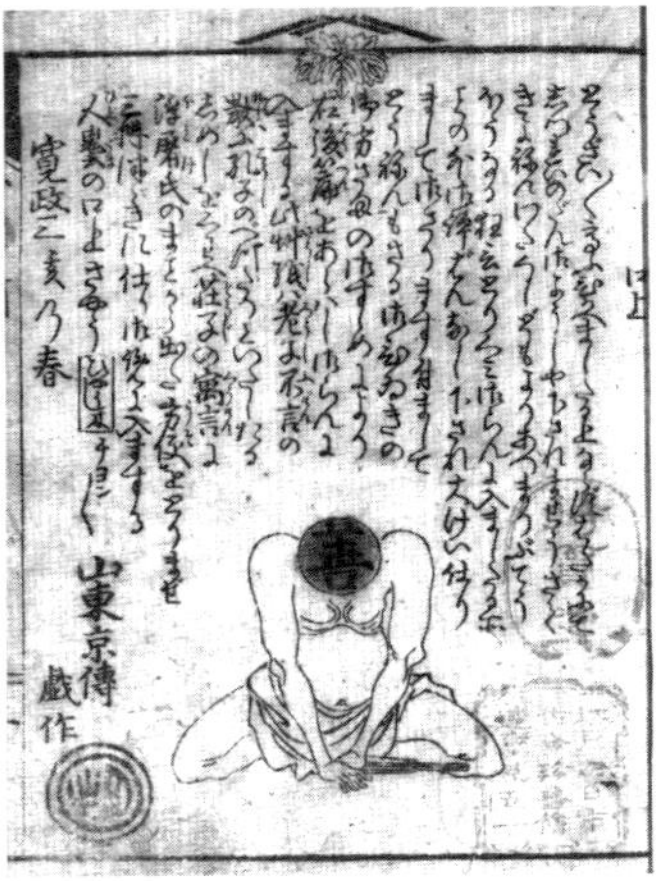

『悪魂後編　人間一生胸算用』　寛政3年（1791）／黄表紙／東京都立中央図書館蔵

面作りも、ねらいに合わせた趣向であった。その思惑に反して、多くの人間がこれをわかりやすくて面白い心学ものの教訓書と受け取り、それが評判につながったものなのであろう。こういった需要を蔦重が見越していたであろうことは、前年の市場通笑起用に明らかである。

本作は、『心学早染草』の善玉によって小人に変化させてもらった京伝が人間の体内に入り込み、「気」が謀反を起こして「心」が追放され、目や口や鼻など体の各部位が勝手気ままに振る舞って身代《しんだい》が行き詰まる様を目撃し、人間を律する心の重要性を理解するという内容である。まだしも、京伝らしい趣向や気の利いた書き入れが滑稽味を保っているが、蔦重依頼のこの後編が教訓色をより前面に出したものになるのは必然であった。

『実語教幼稚講釈』

寛政四年(一七九二)刊京伝作勝川春朗《かつかわしゅんろう》(後の葛飾北斎《かつしかほくさい》)画の黄表紙『実語教幼稚講釈《じつごきょうおさなこうしゃく》』は問題のある作品である。「実語教」は「山高きが故に貴とからず」から始まる教訓書で、往来物として多くの人間が幼時から接していたものである。その「実語教」の句を引いて、各場面その意をわかりやすく絵解きで解釈していくという趣向である。

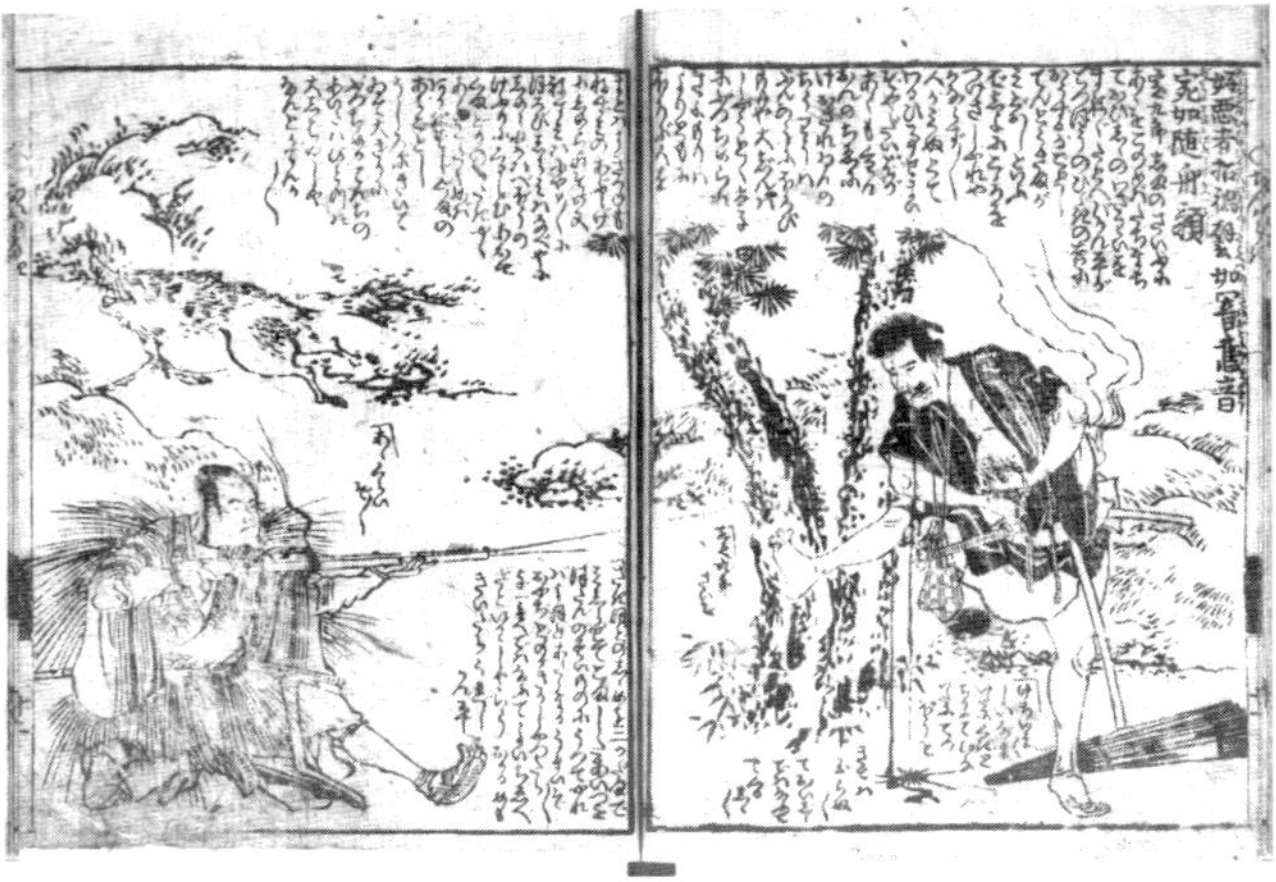

『実語教幼稚講釈』　寛政4年（1792）／黄表紙／東京都立中央図書館蔵

「悪を好む者は禍《わざわい》を招く」の句を引いた場面では、忠臣蔵の定九郎《さだくろう》が勘平《かんぺい》の放つ鉄砲玉に命を落とす場面が描かれるなど、わかりやすく喩えをとって絵解きしていくが、「実語教」そもそもが教訓一色の句で成り立っている以上、本作がひたすら窮屈で理詰めな教訓一色になるのは当然であった。馬琴は本書について『近世物之本江戸作者部類』で「趣向書き入れともに馬琴代作なり」と暴露している。馬琴らしさ全開、京伝らしい軽妙な諧謔に乏しいのも宜《むべ》なるかなである。

　寛政三年に蔦重が出版した洒落本三作が咎めを受け、執筆意欲がわかないまま京伝は日々をすごしていたと思われる。鶴喜や蔦重からの作の依頼を断り切れないまま、京伝宅に逗留中の馬琴に助けを仰いだものなのであろう。

『堪忍袋緒〆善玉』

『堪忍袋緒〆善玉《かんにんぶくろおじめのぜんだま》』は寛政五年（一七九三）正月刊の山東京伝作黄表紙である。

本作は善玉悪玉ものの三編目となる。冒頭、京伝のもとに、「味をくひしめたる本屋の何がし」、すなわち蔦重が訪ねてくる場面がある。蔦重にお茶を出しているのは扇屋の番頭新造だった菊園、今は京伝の妻お菊である。三番煎じの作をしぶる京伝に、蔦重は「昨日の見物は今日の見物にあらず」と強引に執筆を引き受けさせるのである。

新たな読者は日々誕生してくる。享受者層の広がりと、京伝作品の商品価値増大は、戯作のあり方に大きな変化をもたらした。もはや戯作は趣味の世界の産物ではありえず、広い市場に投ずる有力な商品でなくてはならなくなった。

当時の蔦重の発想の中で、最有力の商品は、京伝作品であり、その中でも善玉悪玉ものを代表とする教訓性濃厚な黄表紙であった。都市部以外に、わかりやすい教訓性豊かな絵解きの本を欲する層、新たに顕在化してこようとしている読者層（蔦重から見れば市場）が

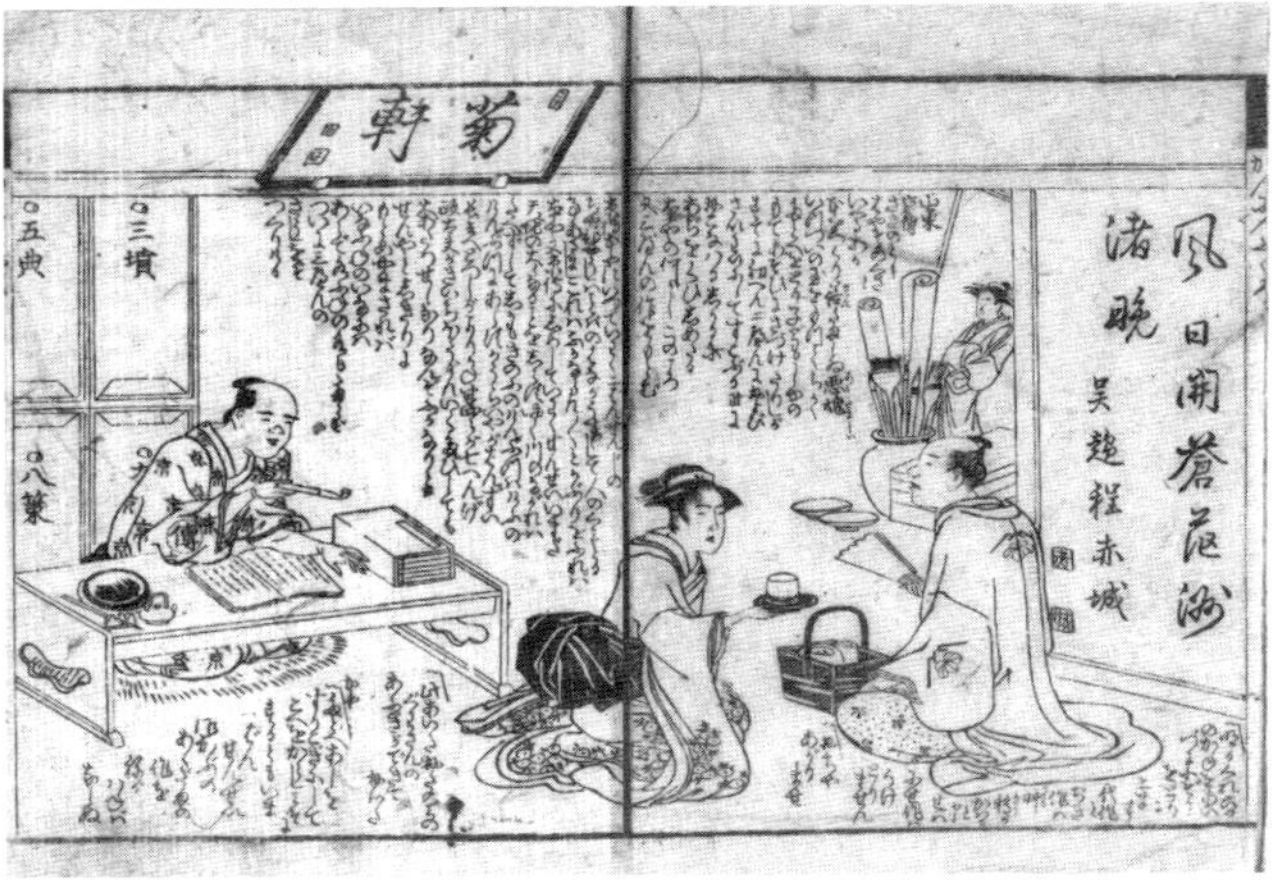

『堪忍袋緒〆善玉』　寛政5年（1793）／黄表紙／東京都立中央図書館蔵

育ちつつある（第九章参照）のをこの版元のアンテナは捉えていた。

「たとへ足を摺子木《すりこぎ》にして、声をからし味噌にするとも、今一番、先生御株の悪玉の作を願はねばならぬ」と蔦重の引く気配はない。「明日、暮れ六つの鐘を合図に小僧を取りに上げます。代作と直《ちき》作は艸稿が変はると申せば、偽《にせ》作は受取りません」とも言っていて、前年の京伝作をうたう黄表紙に代作があったことをほのめかしている。

　これまでの善玉悪玉もので、さんざんの敗北を喫した悪玉どもが再び人間を悪の道に導こうとするが、結局善玉たちにすべて阻止され、悪玉たちは五常（仁・義・礼・智・

信）の砥石で磨かれて善玉になるという筋。善玉悪玉が大勢登場して入り乱れる大サービス作品である。最後は子どもたちを前に「子ども衆、この堪忍袋の緒を切らぬやうにしませふぞ。お父さんやお母様《かかさま》の言《い》わしやる事を背かしやると、直《ぢき》に悪玉が取憑《とりつ》きます。ヲ、怖《こわ》ひ事〳〵」と、優しく教えを説く京伝が描かれる。

第九章　和学書需要の高まり

寛政三年（一七九一）の春、蔦重は書物問屋仲間に加入する。江戸時代、本は書物と草紙（江戸では地本とも呼ばれる）に大別されていた。書物とは、漢籍・儒書・仏書・神書・歌書・医書等学問や宗教、また日本古典に関する、いわゆる堅い本である。それに対して草紙は、浮世絵や草双紙、浄瑠璃本や役者評判記などの演芸関係書、子ども向けの教育書である往来物など、娯楽や日用の手軽いものである。書物と草紙を兼業する本屋もあったが、基本的には書物屋と草紙屋（地本屋）に分かれていて、業態も異なるものであった。同業組織も別立てである。

蔦重が書物問屋仲間加入を思い立ったのは、もちろん寛政改革下の書物景気を目の当たりにしたことが大きかったからかもしれない。しかし、それだけではあるまい。地本問屋は江戸という地域限定の流通網しか持っていないが、書物問屋は全国的な流通網に商品を載せることができる。たとえば京伝の教訓的黄表紙の地方における需要、他地域への流通を蔦重が考えていなかったとは思えない。いまだ顕在化はしていないものの、都市部以外に新たな書籍市場が開けつつあることを、この男は見通していたものと思われるのである。

寛政期が、江戸時代の歴史の大きな転換点、曲がり角になるであろう。それは政治史的な観点で言っているのではなく、民間の動向に大きな変化がみられることによる。都市部に限らず、むしろ、それ以外の地域、全人口のうちの圧倒的多数を占める農業従事者が、学問世界に興味を示しはじめ、子どもの教育にも熱心になっていく。地域によって偏差はあるが、農業技術の進歩が経済的、また時間的ゆとりを少しずつ彼らの間にもたらしはじめる。農書や蚕《さん》書に接してよりよい経営を図ろうとする考えも芽生えてくる。学問に向き合い始めた武士の様子や、心学のわかりやすい教えも刺激となったろう。徐々に知の底上げが起きてきて、これまで見当たらなかったところに、書籍市場が成立する気配となってきたのである。

『略解千字文』・『孝経平仮名附』

寛政六年（一七九四）六月刊『略解千字文《りゃくかいせんじもん》』の編者蛾術斎主人《がじゅつさいしゅじん》とは、蔦重とも交遊が繁《しげ》

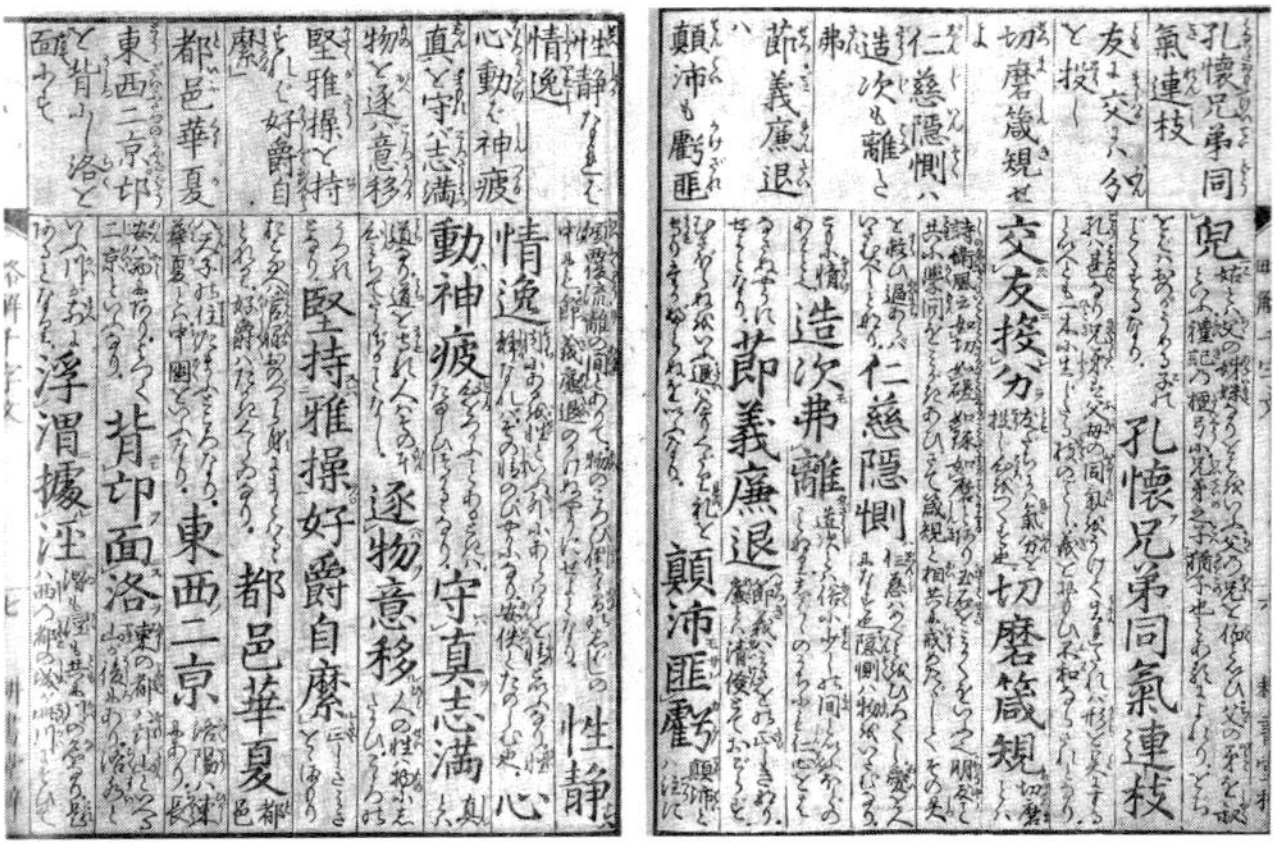

『略解千字文』　寛政6年（1794）／往来物／個人蔵

く、蔦重版にも多数関与した狂歌師宿屋飯盛（石川雅望《いしかわまさもち》）のことである。彼は、経営する公事宿における収賄の嫌疑を受け、寛政三年に江戸払いとなって当時四谷に逼塞していた。江戸の狂歌仲間からも離れ、家業も失った彼に、仕事を与える形で蔦重は支援したものなのであろう。

本書は「千字文」の注釈書である。下段には大字で記した「千字文」の本文をほぼ句ごとに区切り、そこに返り点と送りがなを付け、それに続けてその部分の解釈を双行で記してあるのであるが、すべて平易な平がな交じりの文章となっていて、漢字には平がなでルビがほどこされている。上欄にはその部分の書き下し文を載せているが、これも解釈同様、ほぼ総ルビで平がなを使ったものである。つまり渓百年の『経典余師』のシリーズとまったく同様の注釈様式なのである。半紙本という書型、丁子色無地の表紙も、明らかに『経典余師』のそれを踏襲している。

平がなさえ読めれば誰でも独学で学問の世界に参入できるように仕立てた『経典余師』の登場とその流行は、民間の学問志向に火を付け、拍車をかける役割を演じた。民間に、平易な学問入門書を欲する新たな書籍市場が成立していく。『経典余師』の様式を借りてこの新たな需要に応える出版物の盛行を見ることになる。本書はその一つである。

序文の年紀は寛政三年三月。書物問屋仲間に加入した蔦重が真っ先に手をつけたかったのがこの企画であったと思われる。

『孝経平仮名附』　寛政9年（1797）／教訓本／個人蔵

言い換えれば、蔦重が書物問屋仲間加入を思い立った大きなきっかけは『経典余師』の出版と、それによって見えてきた新たな書籍市場であったということであろう。

本書の刊記は「寛政六載甲寅夏六月発刊／書店／京都柳馬場　須原屋平左衛門／大阪心斎橋　河内屋喜兵衛／尾陽名古屋　風月孫助／御江戸本町筋通油町　蔦屋重三郎梓」となっていて、京都・大坂・尾張と広く流通させるべき、書物問屋の出版物に相応しいものとして発想されていたことがうかがえる。

寛政九年三月刊の『孝経平仮名附《こうきょうひらかなづけ》』は、『略解千字文』同様、石川雅望に作らせたもので、「孝経」の平易な注釈書である。本文は平がなによる書き下し文が脇に振られ、上欄には解説を平易な平がな交じり文で記すという様式であり、『経典余師』の様式そのままではない。『経典余師　孝経之部』は、すでに天明七年（一七八七）に刊行されているので、同様の様式は避けたものなのであろう。

また、本書は縹色表紙の中本で、中本型の往来物と同様の装丁にしてある。『経典余師』よりもっと手軽な形態にして、より幅広い層を受容者に想定して制作することにより、『経典余師』との差異化を図ったものと思われる。

『ゆきかひふり』

時期が前後するが、寛政四年（一七九二）刊の『ゆきかひふり』は、加藤千蔭《かとうちかげ》の手になる大本二冊の立派な法帖《ほうじょう》である。『源氏物語』中の書簡文を抜き出して千蔭流と称された美しい和様で法帖（書の手本）に仕立てたものである。後摺、後版が多数あるところをみるとかなり人気の高かった書籍と思われる。千蔭は、賀茂真淵《かものまぶち》門の和学者であると同時に、江戸一番の人気を誇る和様書家でもあった。天明期、狂歌師や戯作者との交遊も盛んであり、吉原にも出入りしていた彼は蔦重とも旧知の仲であったものと思われる。

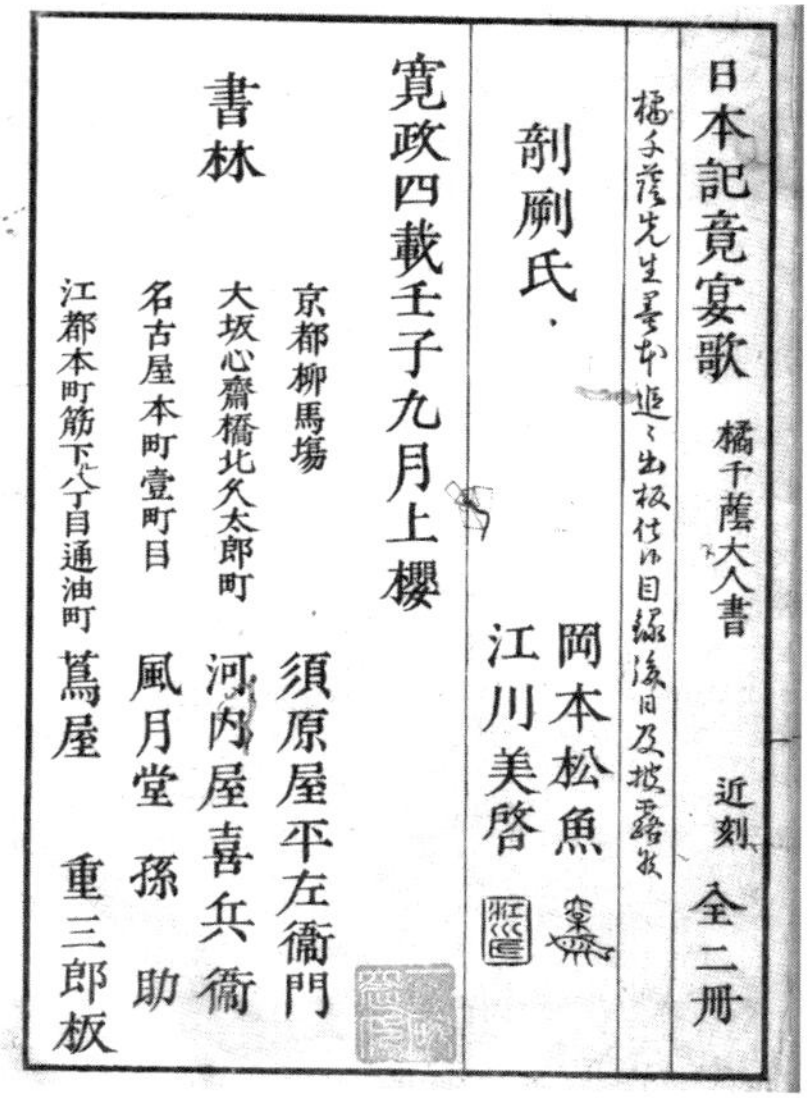

『ゆきかひふり』　寛政4年（1792）／法帖／個人蔵

加藤千蔭とともに江戸派歌人を代表する和学者に村田春海《むらたはるみ》がいる。千蔭同様「県門四天王」の一人に数えられる真淵門下である。蔦重は、寛政六年に村田春海校で真淵の注釈による『落久保物語』を出版しようとしたようである。江戸書物問屋仲間の記録である『割印帳』寛政六年閏十一月十四日不時割印の条に「寛政六寅六月／落久保物語　墨付百九十丁　注釈　加茂真淵授　村田春海校同断（板元願人）　同人（蔦屋重三郎）」と見えている。この後に付記があって、この年の六月に仲間の改めを済ませたものの、清書本を焼失、全百九十丁のうち、版下が出来上がっていた分六十七丁について彫板が済んだので、これをもって割印（出版・売弘《うりひろめ》許可）を得た旨記されている。しかし、該当する版本は見あたらず、おそらくは、出版に漕ぎ着けられないまま頓挫したものと思われる。

和学の人気が徐々に高まりつつあること、和学書の需要が高まっていくであろうことに蔦重が気付かないわけがない。天明期に南畝や菅江の後を担うべき第二世代として狂歌四天王と称された狂歌師がいた。宿屋飯盛・鹿都部真顔・頭光・馬場金埒の四人である。飯盛は四谷逼塞の身となったが、鹿都部真顔は四方姓を受け継ぎ四方側の宗匠として門下を拡大、狂歌の指導者となっていった。復帰後の飯盛も五側の宗匠として活躍していった。その二人に共通しているのは和学への傾倒である。狂歌の指導者として本歌に通じていることはもちろん、日本古典についての造詣も必須であった。

この二人に限らず、狂歌の世界から和歌・和学の道に入っていく者が目立つようになってきたのが寛政期であったと思われる。和学書市場が形成されつつあることを蔦重は明確に捉えていた。

『孝経鄭註』・『秉穂録』

学芸水準がますます高くなっていった尾張藩の儒学者たちの発信力と尾張藩の後押しで、寛政期に入って名古屋書商の活躍は著しい。三都（江戸・京都・大坂）の出版物に引けを取らない書籍を次々開版し、名古屋は三都に次ぐ出版都市となっていった。また、その勢いに乗じて全国的な書籍流通の中で大きな役割も演じていく。中でも安永期創業と思われる新興の書店である永楽屋東四郎《えいらくやとうしろう》の活躍はめざましい。

全国展開を志す書物問屋蔦重にとって永楽屋東四郎との提携は恰好の足がかりとなった。また、世の好学の風潮の中で、これまでに無い新機軸の書物の多い永楽屋東四郎版の江戸売弘は蔦重にとって魅力的であったし、永楽屋にとっても蔦重との提携は江戸という書籍市場への安定的な流通を図る上で大きな意味を持つものであった。

かくして、江戸と名古屋の新興の二書商は強く結びつくことになったが、これは半ば必

『秉穂録』　寛政7年（1795）／随筆／個人蔵

然であった。

『孝経鄭註《こうきょうていちゅう》』は、漢代に書かれた今文孝経の鄭玄《じょうげん》によるとされる注釈書で、尾張藩儒岡田挺之《ていし》（新川《しんせん》）の補訂を経て、寛政六年（一七九四）に永楽屋東四郎から出版された。売弘の提携店は大坂の河内屋喜兵衛《かわちやきへえ》と江戸の蔦屋重三郎であった。永楽屋が出版を手掛けた尾張のものは、まさに新風で、上方はもちろん、江戸でも売れ筋のものとなっていった。永楽屋は、他地域との恰好の交易材料を得たことになるが、それは売弘の提携を結んだ仲卸の蔦重にとっても同様に利のあるものであった。書物問屋となった蔦重にとって永楽屋東四郎との提携は大いに意味あることであった。

『秉穂録《へいすいろく》』は岡田挺之の随筆で、寛政七年十月の出版である。著者挺之自身の蔵版で、永楽屋東四郎が製本・発兌《はつだ》を務め、江戸売弘に際して蔦屋重三郎と提携したものである。蔦重は、寛政八年三月に本書の江戸売弘の許可をとっている。架蔵本には、後表紙見返裏に蔦重の仕入印が押捺されている。矩形の墨印で、界線で区切り、上に「仕入」の文字、その下に「蔦重」とある。蔦重の仕入印は他に報告を聞かない。

『出雲国造神寿後釈』

寛政期、民間における学問の浸透は著しい。漢籍の素読が武家のみならず、一般にも広まり、知の底上げが起きていくのである。和学に対する興味も民間に高まっていく。

『出雲国造《いずものくにのみやつこ》神寿後釈《かんよごとこうしゃく》』は本居宣長《もとおりのりなが》の著作である。『延喜式』の「祝詞」に収められている「出雲国造神賀詞」を注釈したもので、賀茂真淵『祝詞考』の注釈に、さらに自分の詳細な注釈を付加したものである。刊記は「寛政八丙辰歳初秋／書林　江戸通油町　蔦屋重三郎／尾張名古屋玉屋町　永楽屋東四郎」となっていて、名古屋永楽屋東四郎と蔦重との相合版である。宣長好みの縹色布目表紙を付けて寛政八年（一七九六）七月に刊行された。書物問屋となってから、蔦重は名古屋書肆《しょし》との連携を強化している。

また、宣長への接近も試みており、寛政七年三月二十五日、蔦屋重三郎は伊勢に赴いて

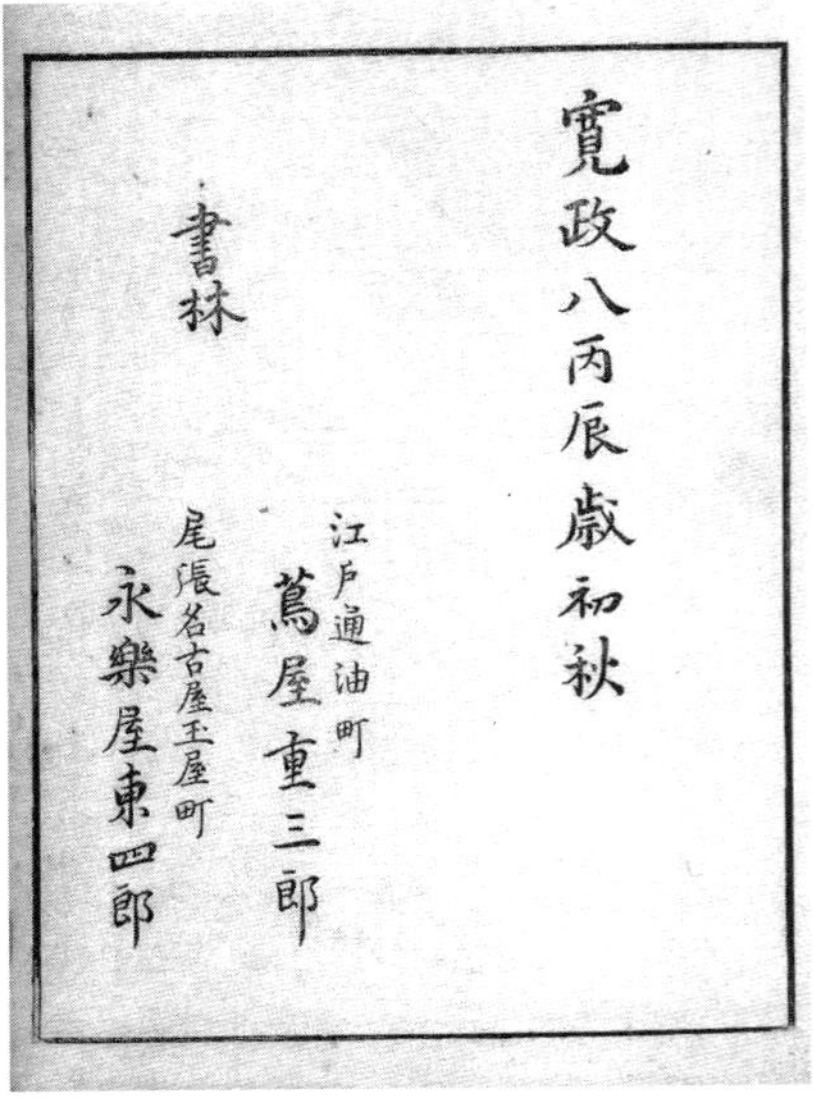

『出雲国造神寿後釈』　寛政8年（1796）／祝詞・宣命／個人蔵

宣長と面会している。寛政七年八月に『玉勝間《たまかつま》』の江戸売捌を行ったのはこの面会の成果と思われるが、おそらく本書の刊行もこれによって実現したものであろう。

『万葉集略解』

万葉集の注釈書『万葉集略《まんようしゅうりゃく》解《げ》』は、和学者加藤千蔭（号は芳宜園《ほぎぞの》）の代表的な業績であるとともに、この時点における万葉学の集大成でもある。万葉仮名で記された歌にその訓《よ》みを平がなで施し、小書きで注釈を添えるという本文構成である。その注釈は、無駄の無い簡潔なものながら平易な表現で、初学者でも理解できるようなものになっている。注釈付き万葉集の定番として、近代にいたっても重宝された。

全二十巻三十冊竣功《しゅんこう》は文化九年（一八一二）のこととなるが、まず巻五までの七冊は寛政八年（一七九六）八月に日の目を見る。刊記に「芳宜園蔵版／寛政八年丙辰八月発行／製本所／江戸通油町　耕書堂　蔦屋重三郎／尾張名古屋本町七町目玉屋町　東壁堂　永楽屋東四郎」とあるように、芳宜園すなわち千蔭蔵版で、蔦屋重三郎・永楽屋東四郎が製本・蔵版支配にあたっている。

和学の興隆、民間への浸透は全国的なものであったが、千蔭や春海など江戸派の和学者がもてはやされている江戸と、伊勢の本居宣長の著作の発信窓口となっている名古屋は、勢いが格別であった。新興の書物屋である蔦重と永楽屋は、新興の漢学や和学の風を国中に吹かせる役割を担っていったのである。

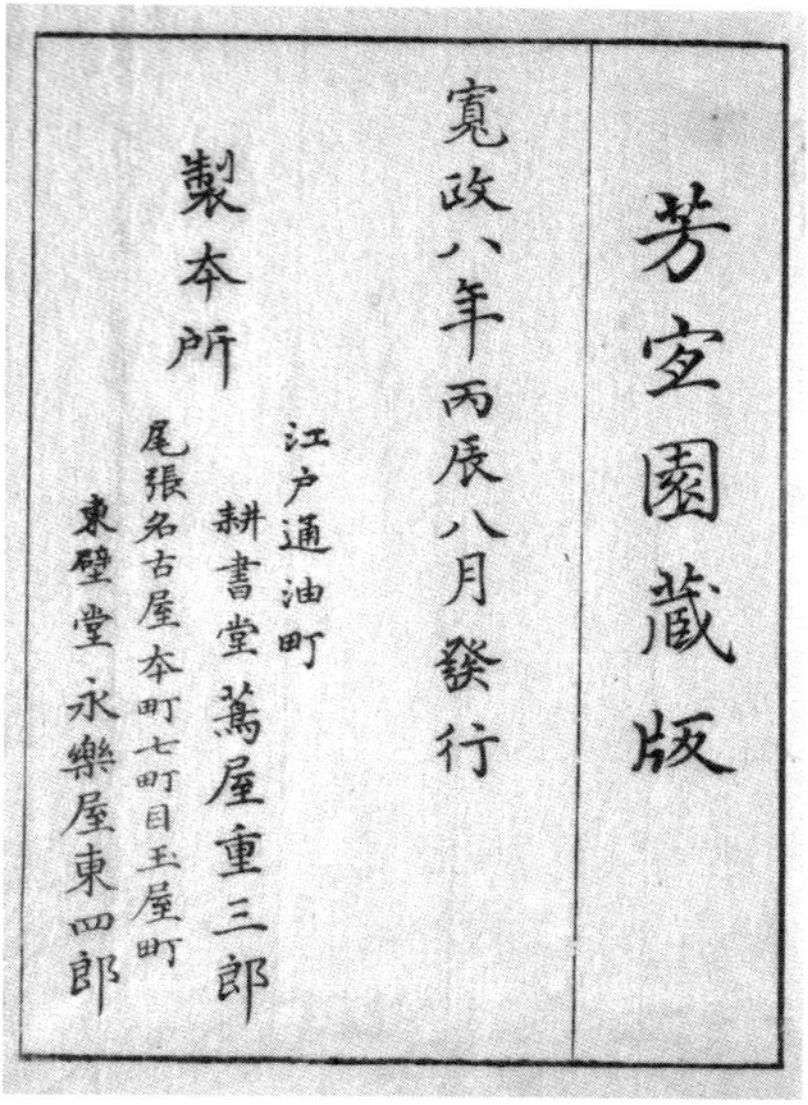
芳宜園蔵版
寛政八年丙辰八月發行
製本所
江戸通油町
耕書堂 蔦屋重三郎
尾張名古屋本町七町目玉屋町
東壁堂 永樂屋東四郎

『万葉集略解』　寛政8年（1796）／注釈本／国立国会図書館蔵

第十章　江戸時代後期への助走

蔦重の浮世絵出版が本格化するのは寛政三年（一七九一）になってからである。つまり、地本問屋仲間が前年暮に結成され、その中心的存在になってからである。

役者絵は浮世絵出版の柱であるが、これ以前の蔦重版には見られない。寛政三年になって勝川春朗（後の葛飾北斎）や勝川春英《しゅんえい》の細判役者絵を手掛けるようになる。本格的に浮世絵出版に参入したことを示すものである。美人絵の第一人者である鳥居清長が浮世絵の仕事を手掛けなくなった中で、蔦重は歌麿の美人絵を次々と仕掛けていく。寛政四年には大首絵の美人絵、寛政五年には寛政三美人、歌麿の浮世絵が三美人ブームを創り出していく。そして寛政六年には写楽という絵師を使って、これまでに無い様式の役者絵を描かせて、蔦屋が浮世絵出版に本格的に乗り出した版元であることを、江戸中にアピールすることになる。

これまでと同様の狂歌本や戯作に加えて、版元蔦重の仕事はますます多岐にわたっていく。

『狂詞初心抄』

大田南畝をはじめ、江戸狂歌を先導してきた狂歌師や、彼らとともに狂歌の世界に遊んだ戯作者などが撤退していっても、民間における狂歌の流行は衰えることなく、江戸以外の地方にもかなりの勢いで波及していった。江戸でも各連の狂歌会は盛んで、連を中心とした狂歌集も盛んに出版されていく。寛政期になっても狂歌本制作の最大手は蔦重であった。

『狂詞初心抄《きょうかしょしんしょう》』は唐衣橘洲による狂歌作法書である。自序に「本歌の本道によらざれば落首の泥濘に落て風雅の道に出でがたし」とあるように、本歌の骨法から説くいかにも橘洲らしいまじめな著作である。例歌もほとんどが古歌である。摺の良くない後印本も多数現存しているところに照らせば、長く売れ続け多数摺り出されたものと思われる。

南畝を核として賑やかに展開した天明狂歌の季節は終わったが、狂歌の楽しみは地域・階層を越えて広がっていった。狂歌を志す者の中には、宗匠に就いたり、狂歌会で腕を磨いたりする機会の少ない者も多数いたに違いない。本書は、師に就かなくても漢籍の素読を独学できるように仕立てた『経典余師』のように、この作法書を頼りに狂歌を自作していこうとするような真面目な狂歌初心者に向けて企画されたものである。

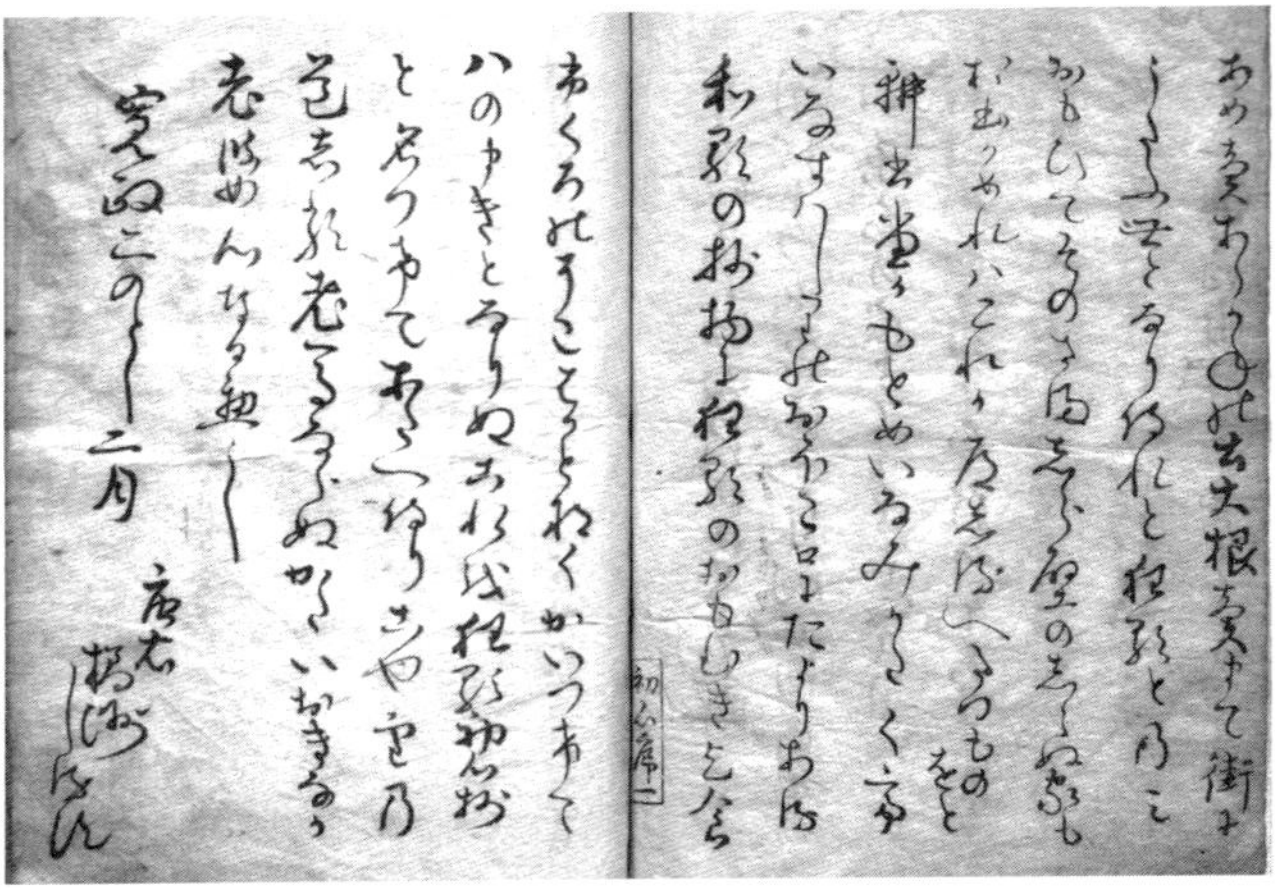

『狂謌初心抄』　寛政2年（1790）／狂歌本／国立国会図書館蔵

橘洲の序に「道しるべだつものをと耕書堂がもとめいなみがたく」とあり、また酒《さか》月米人《づきのこめんど》の跋にも「耕書堂のあるじ蔦唐丸しきりに求めて」と見える。版元の強い要望によって執筆したという文言は序文の常套ではあるが、本書が蔦重の誂えと懇望によって執筆されたものであったことは、この間の蔦重の動向に照らして大いに首肯しうるところであろう。

本書は読んで面白いものではないが、蔦重が狂歌に関わる市場をどのように見ていたか、どのように展開していくと読んでいたかを、本書の出版経緯から充分に読み取れるものと思われる。

『年始物申　どうれ百人一首』　寛政5年（1793）／狂歌本／国立国会図書館蔵

『年始物申 どうれ百人一首』

鹿都部真顔編、北尾政美画『年《ねん》始《し》物申《ものもう》どうれ百人一首』は、寛政五年（一七九三）正月刊の狂歌集で、歌人肖像入りの百人一首のパロディである『道化百人一首』の体裁を模した歳旦集である。書名角書きは歳旦集らしく「年始物申（ねんしものもう）」、書名の「どうれ」とは、年礼の挨拶「ものもう（ごめんください）」に対する「どうれ（どうぞおはいりください）」をきかせる。

この中の一コマは蔦重店の店頭、番頭らしき者が客に本を見せている様子を描いている。店頭の出し箱には「さうしといや／重三郎」とある。添えられた蔦唐丸の狂歌は「青本の春は来にけりひとはけに霞むあなたの山東より」とあって、蔦重らしく、春の到来を告げる新春の景物である青本、すなわち黄表紙をモチーフとし、それが山東からやってくると詠って、京伝作品を称揚しているのである。京伝の黄表紙にいかに蔦重が期すところがあったか、よくわかる歌である。

『再会親子銭独楽』

寛政期になると戯作がわかりやすくなる。黄表紙にそれは顕著である。武士作者がいなくなり、彼らの学識と教養に裏打ちされた鋭い滑稽の提示が見られなくなったということだけに主な理由を求めるのは間違いであろう。戯作は武士作者の趣味の産物ではなくなった。版元主導で制作される商品となっていった。

そのわかりやすい戯作の出版を先導したのは蔦重であった。蔦重の視野に入っていたのは新たに育ってきた戯作の読者たち、新たな戯作の市場であったろう。それも江戸以外の地方の広い市場を想定していたものと思われる。江戸限定の「地本」だったものを、他地域に積極的に流通させるべき商品として蔦重は発想しはじめたのである。広く厚い層に投じることができる、誰でも楽しめる戯作という商品である。この民間の動向によって、またそれを敏感に捉えた版元が主導することによって、戯作は変わっていくのである。

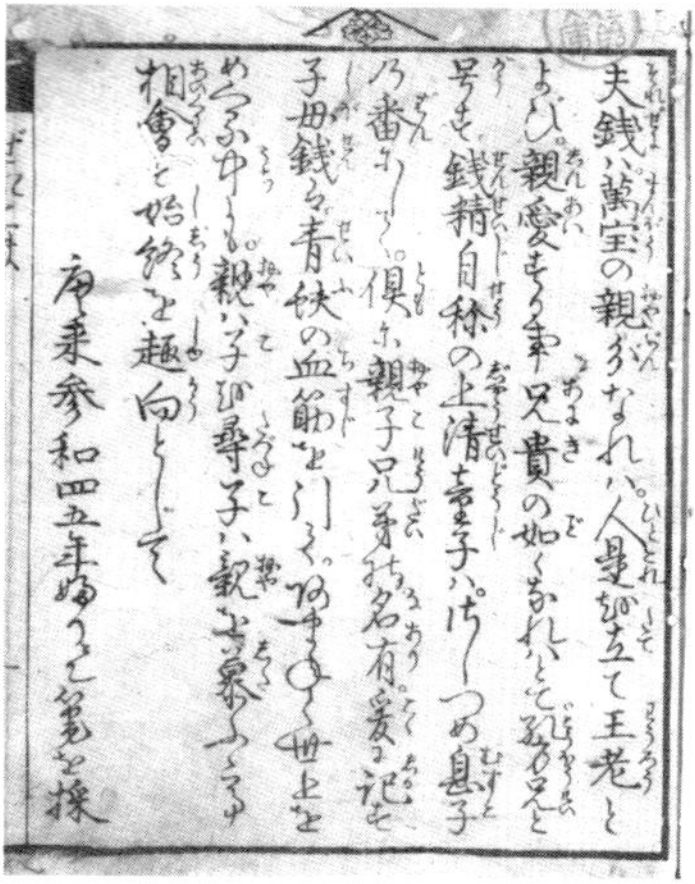

『再会親子銭独楽』　寛政5年（1793）／黄表紙／東京都立中央図書館蔵

『再会親子銭独楽《めぐりあうおやこのぜにごま》』は寛政五年（一七九三）刊、自序に「四五年ふりニて筆を採」とあるように、ひさびさの唐来三和の快作黄表紙である。江戸の民間の様子を活写する北尾政美の画技も優れていて、黄表紙中の名作の一つとして数えられよう。安寿《あんじゅ》姫《ひめ》・対王丸《ずしおうまる》・北の方の離散とそれぞれの数奇な運命、そして邂逅というお馴染みの山《さん》椒《しょう》大夫《だゆう》ものの筋に重ね合わせて、母親の四文銭、姉の耳白《みみじろ》銭・弟の銑銭《ずくせん》の離散と集合を主筋とする。銭は日常身近に使われる貨幣であるので、本作は江戸人の日常に密着して、日常生活のさまざまな風景を提示する。と同時に、風鈴の舌がわりに使われたり、灯心押さえに使われたりと、銭の意外な用途を描いている場面が温和で快いうがちとなって作にメリハリを付けている。たとえば、渡し場の場面などなかなか秀逸である。舟の渡し賃が二文であるというところがミソで、渡し場の銭函《ばこ》で姉弟がひさびさの邂逅を果たしたところに、母の四文銭を持った客がやってきて、感動的な親子の再会と思いきや、姉弟の銭、合わせて二文が釣銭として渡され、また離れればなれになるのである。

仲間内のうがちや楽屋落ちに興ずるような、通《つう》意識の濃い、とんがった天明期の黄表紙とは打って変わって、誰でも楽しめるような穏やかで上質な笑いを誘う秀逸な作品に仕上がっている。三和円熟の境地である。

『絵兄弟』

寛政六年(一七九四)正月に、鶴屋喜右衛門との相版で蔦重が出版した『新梓戯作絵兄弟《えきょうだい》』は、見立てのセンスとこじつけの滑稽が光る京伝らしい戯作である。角書きの「新梓《しんし》」は、自序で明らかにしているように、俳人其角《きかく》の別号「晋子《しんし》」の地口で、本作が其角の『句兄《くきょう》弟《だい》』の趣向を下敷きにしていることに依っている。『句兄弟』は、諸家の句を兄として取り上げ、それに似ている自作を弟として取り合わせた句合わせである。本作は、一見遠く

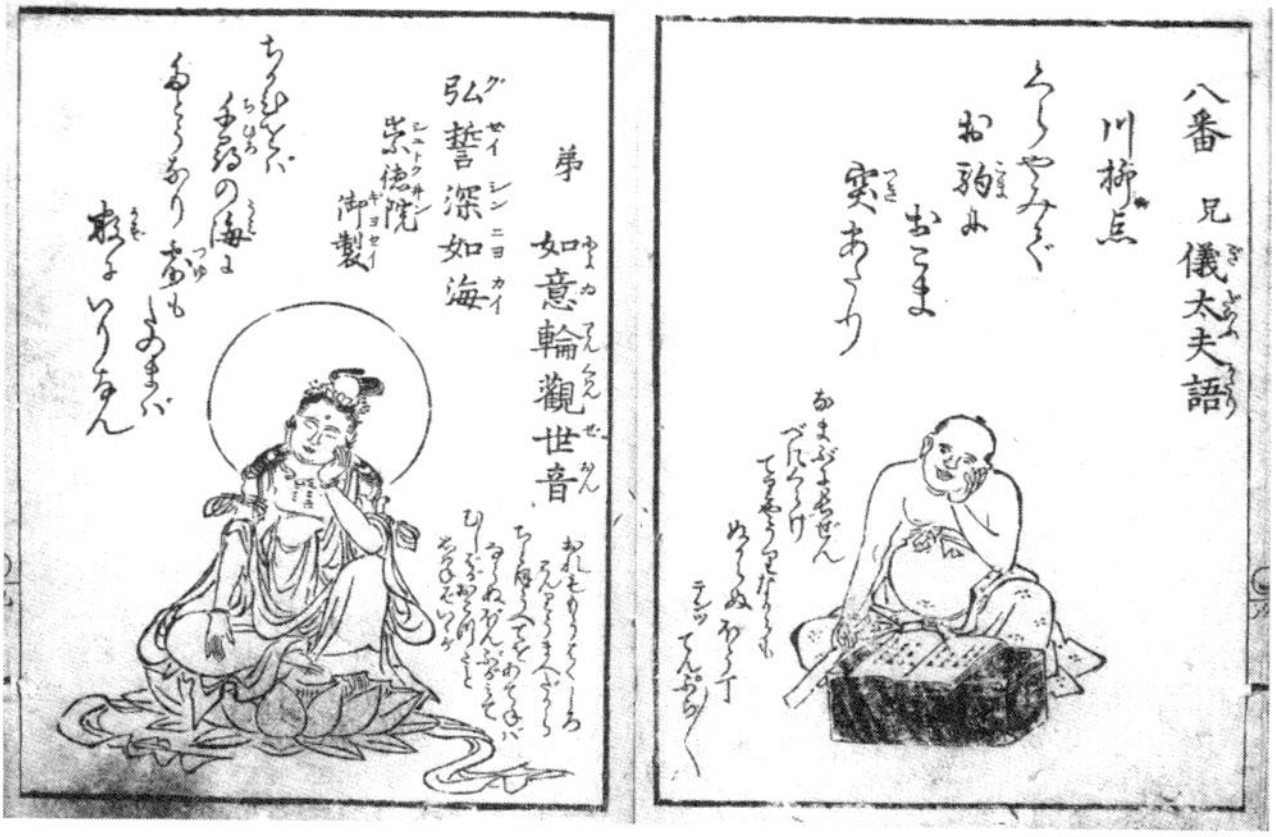

『新梓戯作　絵兄弟』　寛政6年（1794）／絵本／専修大学図書館蔵

距《へだ》たったもの二つを兄弟として番《つが》えて、その意外な相似を絵によって示したものである。

たとえば、八番は「兄　儀《ぎ》太《だい》夫《ふ》語《かたり》」「弟　如《にょ》意《い》輪《りん》観《かん》世《ぜ》音《おん》」の取り合わせである。義太夫節を語る際には力んで発声するため、片頬に手をあてがったりするが、ここでも、三味線箱の上に義太夫抜本（稽古本・床本）を広げ、片膝を立て諸肌脱いで頬に手をやっている男が描かれている。如意輪観音は半跏の座像で一本の手を頬に当てて思惟の相を表すのが典型で、ここでもそれが描かれているが、「儀太夫語」に寄せて首を傾けて描いているところが笑えるところである。「凡夫《ぼんぷ》が見《み》て虫歯《むしば》が起《お》こったと思はねばい丶が」などと観音様が言っている。下巻末には、十五番三十の画題についての狂文を載せていて、「儀太夫語」のところなど「銭湯《せんとう》の長居《ながゐ》は湯気《ゆげ》にあがり、夜道《よみち》の大声《おゝごへ》は犬《いぬ》に吠《ほ》へらる」などとあって、そのうがちの妙と軽妙さが光るところである。

なお、相版元の鶴屋喜右衛門は、蔦重と組んで京伝作品の独占にかかった地本問屋である。

『初役金烏帽子魚』

『初役金烏帽子魚《はつやくこがねのえぼしうお》』も寛政六年（一七九四）正月刊、山東京伝による戯作である。

寛政六年正月より江戸桐座で上演された歌舞伎狂言「舞台花若栄曽我《ぶたいのはなわかやぎそが》」の二番目切「贔曳花鐘入《ひけやひけはなのかねいり》」は三月十五日から行われた。そこで上方から下ってきた役者の初代中山富三郎は、故中村富十郎が型を作った道成寺の所作事を演じ大いに評判となった。本作はこの人気を当て込んだもの。挿絵を、江戸に戻ってきた十返舎一九《じっぺんしゃいっく》が担当しており、彼はこの年の秋頃より蔦重の食客となることになる。

一九は小田切土佐守直年《おだぎりとさのかみなおとし》に仕えていた武士であった。そもそもは直年の江戸屋敷に務めていたと思われるが、天明三年（一七八三）四月に大坂東町奉行勤務を命ぜられた直年に従って大坂に上る。いつしかその奉公もやめ、大坂在住中に、近松余七《よしち》の名で、若竹笛躬《わかたけふえみ》・

『初役金烏帽子魚』　寛政6年（1794）／黄表紙／東京都立中央図書館蔵

並木千柳《なみきせんりゅう》とともに、人形浄瑠璃『木下蔭狭間《このしたかげはざま》合戦《がっせん》』の作を手掛けたりしている。そして、寛政五年頃江戸に下り、どのような縁によるものか『初役金烏帽子魚』の挿絵を担当することになるのである。

その秋ごろから蔦屋重三郎の店にやっかいになりはじめる。馬琴の『近世物之本江戸作者部類』は、一九について「寛政六年の秋の頃より、通油町なる本問屋蔦屋重三郎の食客になりて、錦絵に用る奉書紙にドウサなとをひくを務にしてをり」と記している。居候の一九が蔦重の許《もと》でしていたのは、錦絵の色にじみを押さえる明礬《みょうばん》をとかしたドウサを奉書紙にひく仕事であった。

『心学時計草』

先に引いた『近世物之本江戸作者部類』の続きに「その性滑稽を好みて聊《いささか》浮世画をも学び得たれば、当年蔦重が誂へて、心学時計草といふ三冊物の臭草紙を綴らしめ画も一九が自画にて寛政七年の新板とす」とあるように、寛政七年（一七九五）正月に蔦重が発行した黄表紙『心学時計草《しんがくとけいぐさ》』は一九の初作の一つ、ここから彼の戯作者人生が始まる。

標題に「心学」の語を入れて教訓的作品の風を装わせたのは蔦重の誂えによるものであろう。教訓色濃厚そうな自序と自跋を前後に据え、心学に造詣深い柏手《かしわで》なる遊女を主人公に設定しているのもおそらく蔦重の注文であろう。その主人公の馴染客が十二人いて、それがある時一斉に彼女のところに詰めかける。それをさばくために、一昼夜を一時ずつに分け、十二人の客それぞれを奇妙な手練手管を労してあしらっていくという筋のもので、誰でも笑えそうなわかりやすい滑稽をもっぱらとしている。

この年、一九は他に『新鋳小判*《しんふきこばんのみみたぶ》』と『奇妙頂礼胎錫杖《きみょうちょうらいこだねのしゃくじょう》』の二作の黄表紙を蔦重から出している。いずれも、たいへんわかりやすい作品である。

蔦重は、京伝の教訓色の濃い黄表紙の出版を戦略的に行ってきた。しかし、京伝は自身が経営する煙草入れ店の多忙もあったのか、あまり乗り気ではなかったようで、この寛政

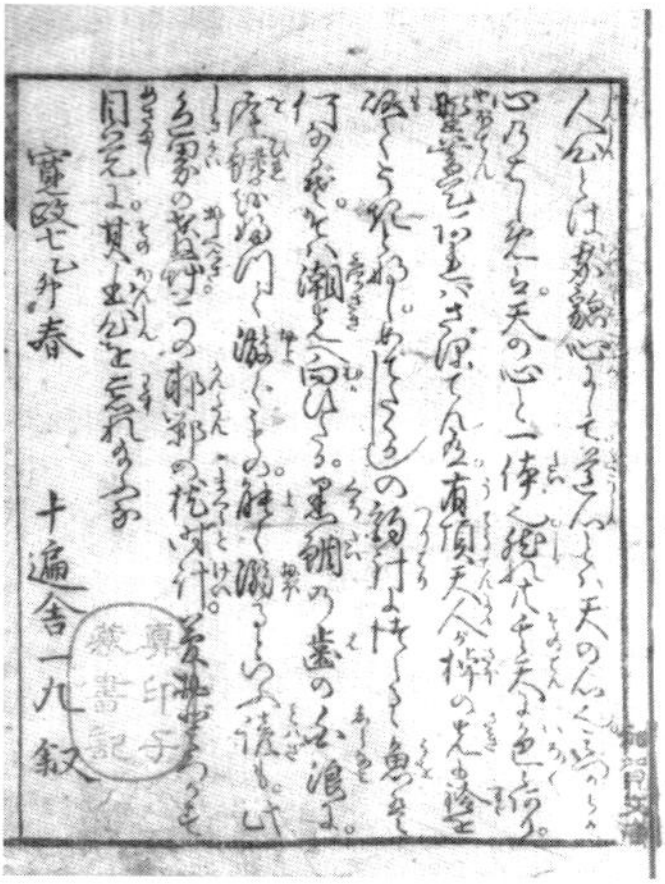

『心学時計草』　寛政7年（1795）／黄表紙／東京都立中央図書館蔵

七年、蔦重版に京伝作の黄表紙が一点も無い。それを補うべく、三和におそらく頼んで作ってもらったのが『善悪邪正大勘定《ぜんあくじゃしょうおおかんじょう》』であろう。日々の行動の善悪についてのポイントを集計して善根を積むことを自らに課すように仕立てた善書『功過格《こうかかく》』は当時民間にも馴染み深いものであったが、これを趣向に取り入れて主人公与四郎の善悪の行動を描く作品である。大変わかりやすい教訓的作品でありつつも、三和らしい戯作センスの光るものとなっている。

これに加えての一九作黄表紙三点で、ごろごろしている一九を蔦重は「試用」してみたのではなかろうか。その内の一作『新鋳小判孃』に三和が序文を寄せているのも、蔦重と三和によるこの新人支援の一環であったろう。
もともと、インテリで呑み込みも良く、また滑稽を好み、絵も器用にこなす一九は、黄表紙の作も自画で手掛ける便利な作者となっていく。地方読者を視野に入れ始めている蔦重にしてみれば、京伝が作をしぶっている中、今後使い物になる人材として評価したものかもしれない。以後も一九の黄表紙を蔦重は出版していく。
蔦重の没後、享和二年(一八〇二)から村田屋次郎兵衛が刊行した一九の『道中膝栗毛《どうちゅうひざくりげ》』は、正編八編、続集十二編で完結する文政五年(一八二二)まで、二十一年の長きにわたって書き継がれる。まさに江戸時代後期を象徴する作品である。一九の作名は全国に周知され、多くの読者を獲得したのである。この成り行きを蔦重が見ることはなかったが、書籍市場の今後の変化を読んでいたはずの彼は、未来の市場に投ずべき作者として一九を見ていたのかもしれない。

『人心鏡写絵』・『四遍摺心学草帋』

京伝作黄表紙『人心鏡写絵《ひとごころかがみのうつしえ》』は寛政八年(一七九六)正月刊、その最初の場面に版元蔦重が描かれる。富士山形に蔦の葉の紋(すなわち蔦重の屋標)を付けた羽織を着た男が京伝の

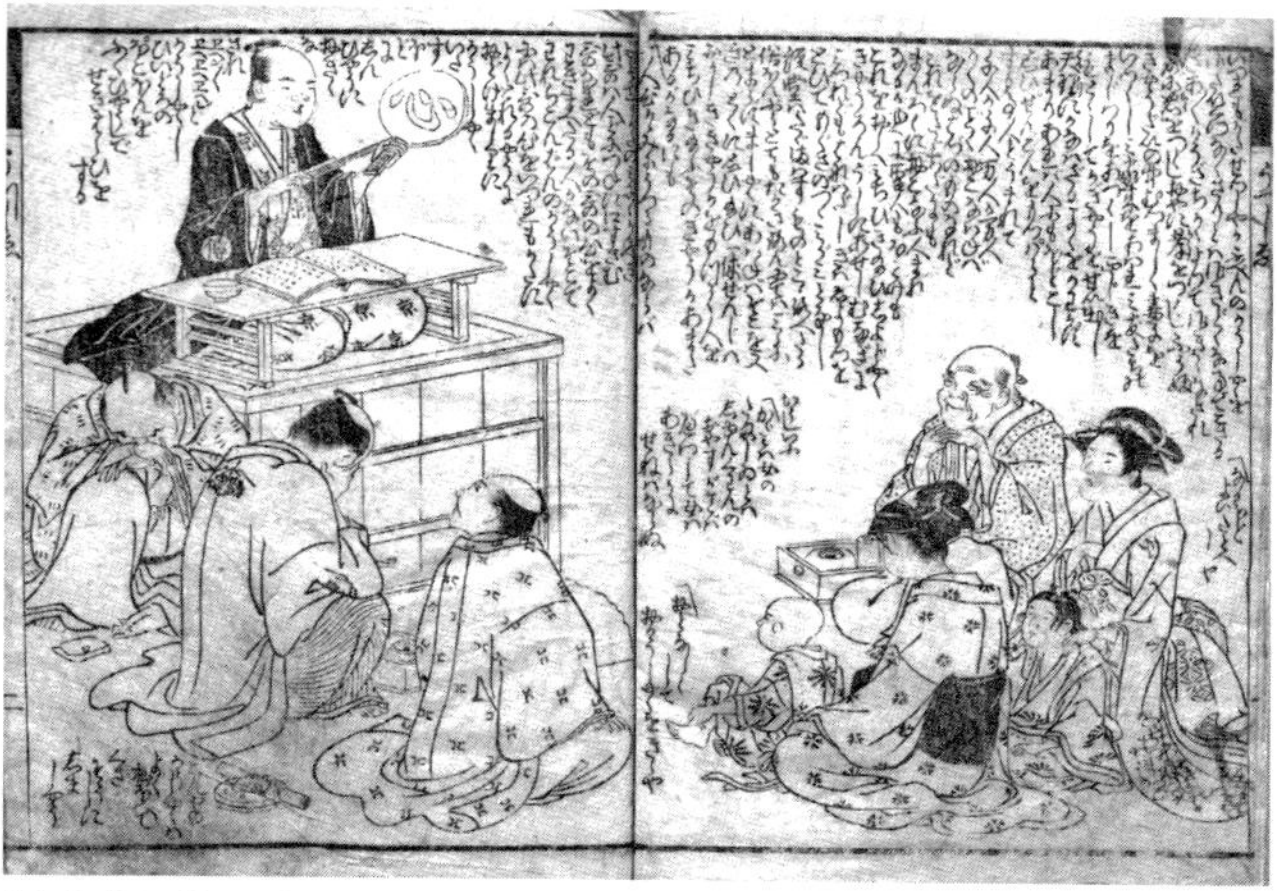

『人心鏡写絵』　寛政8年(1796)/黄表紙/国立国会図書館蔵

心学講釈を聞きながら「今夜の講釈はよく覚えて草双紙にしましょう」と言っている。内容は、その場面に登場する人や動物の本心を鏡に写して、そのうわべと内心のギャップを見せるという教訓色の濃い「手《て》がるくわかる稗史《ゑざうし》」(自序)としたものである。

　蔦重は講釈の締めくくり、最後の場面にも描かれる。そこの書入れに「富士山形に蔦の紋を付たる男の胸の鏡には今夜の講釈を書き留めて新版の草双紙にしませうといふ抜け目のなき姿が映る」とある。心学講釈から草双紙のネタを漁《あさ》ろうとする版元の姿を描き、蔦重の商売に対する抜け目の無さをうがっているのであるが、同時に、京

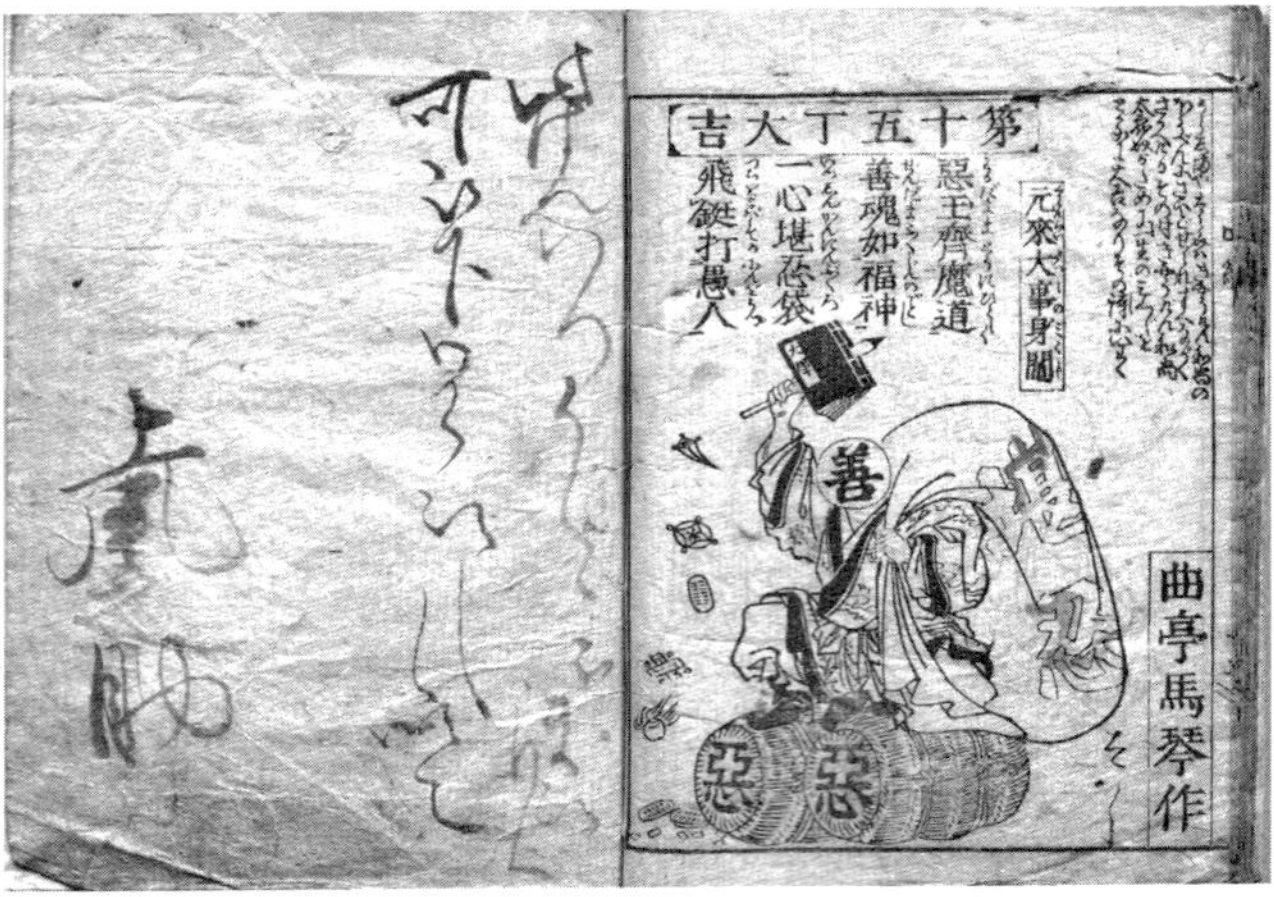

『四遍摺心学草帋』　寛政8年（1796）／黄表紙／国立国会図書館蔵

伝がこの版元の意向に沿った作品作りをしなくてはならない状況を自嘲してもいるわけである。

『四遍摺心学草帋《しへんずりしんがくぞうし》』は同年に出版した馬琴の黄表紙である。題名の「四遍摺」は、善玉悪玉ものの四編目であることをうたっている。三編目の『堪忍袋緒〆善玉』(寛政五年刊)は、いやがる京伝に無理を言って引き受けさせたらしいことは前述した。『四遍摺心学草帋』馬琴自序に「今や此玉三遍廻《まわつ》て煙艸包舗《たばこいれや》の引出しに隠《かく》る」とあるように、さすがに、四番煎じを京伝に書かせることは無理だったようで、「戯作の換玉となし」て馬琴の起用となったわけである。

ただでさえ馬琴の作風は理屈が勝ちすぎているが、本作については、蔦重の依頼もあってのことか、一層輪を掛けて理屈臭く、京伝の心学物と段違いの窮屈な黄表紙となっている。しかし、これも時流に適合していると踏んだのか、実際に好評だったのか、翌寛政九年にも蔦重は三作の黄表紙を馬琴に作らせている。

『化物 年中行状記』

寛政八年(一七九六)、一九は二十点の黄表紙を多数の版元から出している。仕事が早い。

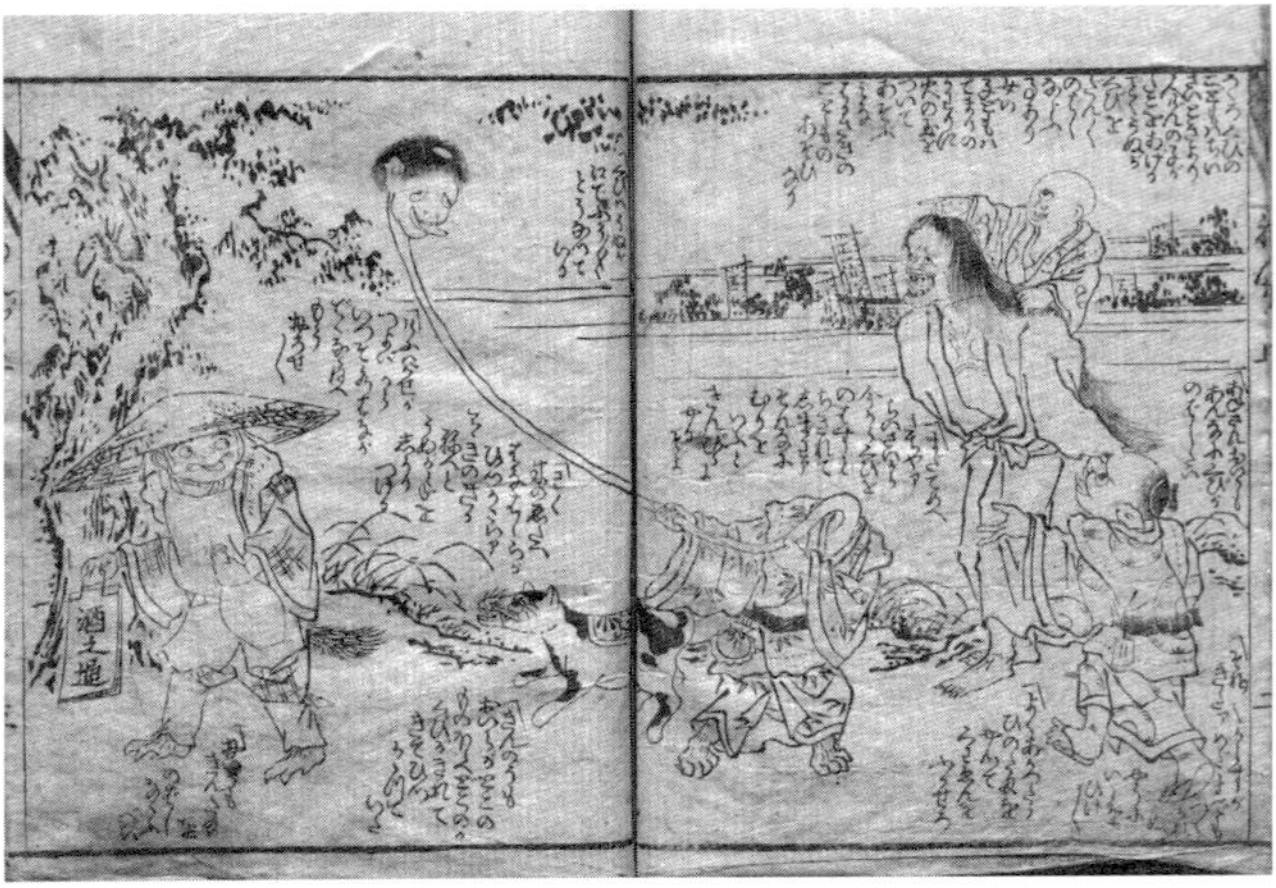

『化物　年中行状記』　寛政8年（1796）／黄表紙／国立国会図書館蔵

万人受けする軽妙な絵と平易な作風は他の版元もよしとするものであったのであろう。一九の売り込みもあったのかもしれない。戯作で食べていくしかなかった一九の後半生の始まりである。

　蔦重も、この年『怪談筆始《かいだんふではじめ》』・『化物小遣帳《ばけものこづかいちょう》』・『化物年中行状記《ねんじゅうぎょうじょうき》』の三点の一九作黄表紙を出版している。さすがに、教訓的な心学物を作らせようとはしていないようである。いずれも、この先一九が得意とするようになる化物ネタである。

　『化物年中行状記』は、月を追って化物世界の年中行事を紹介していくものである。もちろん、江戸の年中行事を化物世界に移して描いていくわけだが、化物だけに、人間世界との微妙なギャップが笑いを誘う。たとえば、端午の節句の幟《のぼり》などは、鍾馗《しょうき》が鬼に成敗されている図、また坂田金時《さかたのきんとき》が熊に負けている図となっていたりする。

各場面にさまざまな化物が人間の格好で登場していて、その絵だけでも楽しめる作品なのだが、書き入れもわかりやすく軽妙で、一九らしい万民受けする笑いを作っている。正月の場面、ろくろ首の子どもが首を伸ばして頭を風に乗せて、人間世界の「凧揚げ」風の遊びをしているが、空高く揚げられた首が「今日は風が強いから、いっそ水洟が出てならねえ、もう降ろせ降ろせ」と言っていたり、その脇の書き入れに「首はうぬが口でぶうぶうとうなっている」とあったり、さもありなんとなかなか楽しい。

『身体開帳略縁起』・『賽山伏狃狐修怨』

『身体開帳略縁起《しんだいかいちょうりゃくえんぎ》』は寛政九年（一七九七）正月刊、蔦唐丸（蔦屋重三郎）二作目の黄表紙である。寺社で行われていた霊宝開帳の口上になぞらえての教訓講釈の趣向。巻末、礼者姿の作者蔦唐丸が登場して、「扨《さて》、此所《ここ》でちよつと御断り申上ます。当年は作者払底につき、わたくし自作、至つて拙き一作の草紙御覧に入れます。相変はらず御求御らん下されませう。そのための口上、めでたし〳〵と大まじめサ」と口上を述べる。

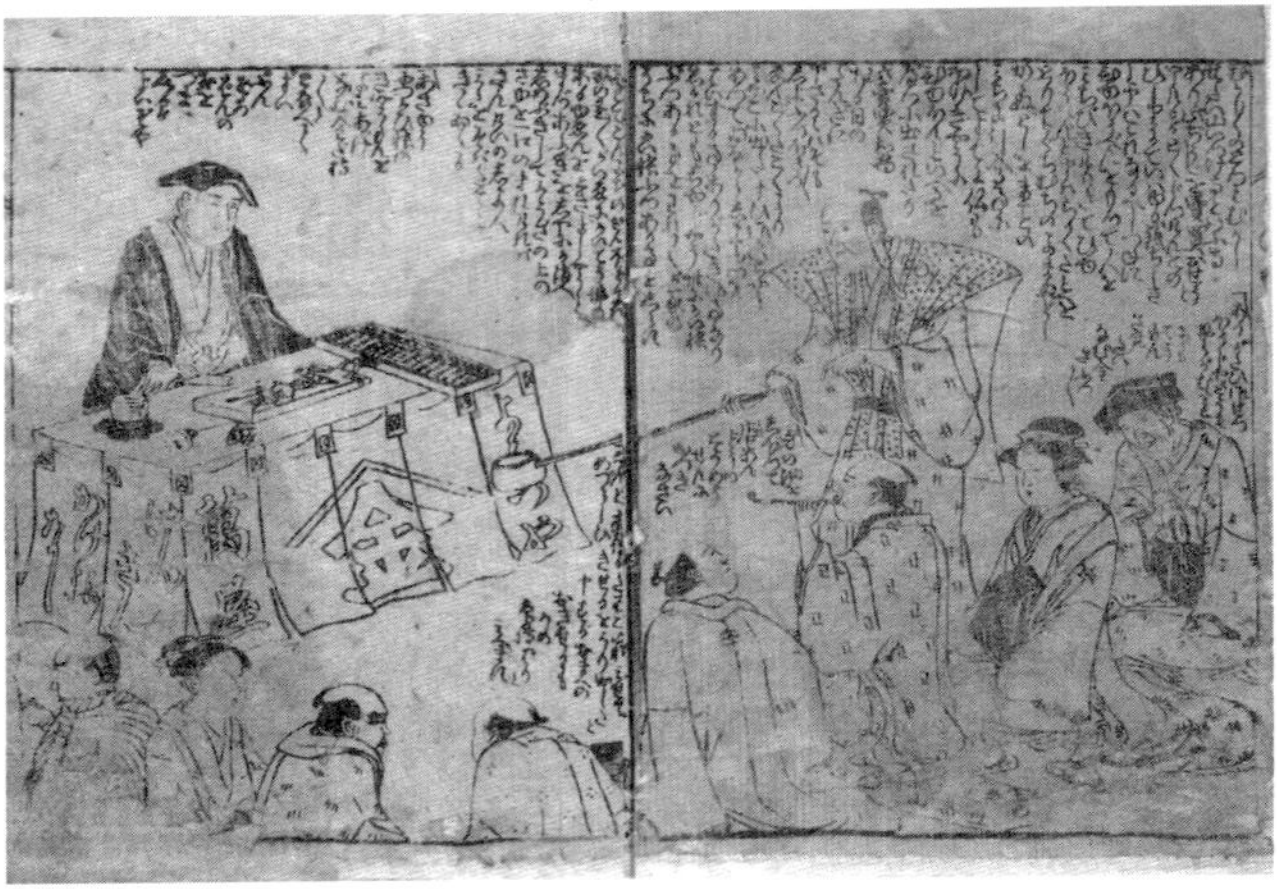

『身体開帳略縁起』　寛政9年（1797）／黄表紙／国立国会図書館蔵

この年の五月六日に蔦重は他界する。本作は遺作となった。

翌寛政十年に黄表紙『賽山伏狄狐修怨《にたやまぶしきつねのしかえし》』が蔦唐丸作として出版される。山伏が狐に化かされる話で、教訓臭くはないが、かといって滑稽味もほとんど希薄で、さほど見所のあるものとは思えない。これについては、馬琴が自分の代作であることを『近世物之本江戸作者部類』で述べている。唐丸の遺稿を装ったもので、おそらくは二代目蔦重となった番頭の勇助《ゆうすけ》の依頼を受けてのものであったろう。馬琴は、蔦重の死に際して『自撰自集』に追悼歌・句を記しているが、食客として居場所を与えてくれたり、作者として取り立ててくれたりと、蔦

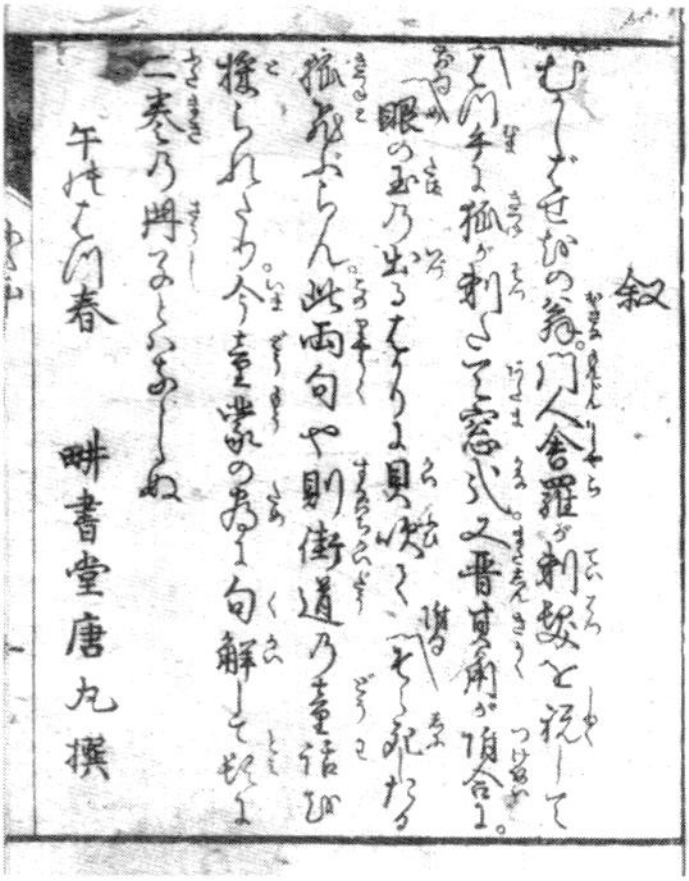

『賽山伏狄狐修怨』　寛政10年（1798）／黄表紙／東京都立中央図書館蔵

重に恩義を感じていたであろうし、その偉業に敬意も持っていたものと思われる。二代目の依頼を受けて早々に作り上げたものかと思われる。

　蔦重の死を江戸人の多くは一時代の終わりとして受け止めたであろう。市中の話題となったと考えられる。本作はそのような江戸の空気に投ずべく企画されたものなのであろう。

おわりに

蔦屋重三郎について調べてみようかとふんわり思い始めたのは大学三年のころであったろうか。戯作や狂歌に興味があったものの、どのように切り込んでいくべきか考えあぐねていたのであるが、そろそろ卒論に取りかからなくてはならない時期にさしかかってきた中での窮余の一策であった。

天明期の狂歌や戯作に大きく関わりを持った本屋であったことは、石川淳の随筆や今田洋三『江戸の本屋さん』（ＮＨＫブックス）で認識していた。もともと文学とやらは好きではなく、国文学専攻に決めたのは、英語が苦手だったからというのが主たる動機である。大学を決めた理由も、そこが神保町に近かったからである。本あさり、古本屋めぐりは中学生ごろから大好きな消閑であった。

というわけで、蔦重に関係しそうな本や雑誌などを神保町で漁って歩く日々が始まった。楽しい時間であった。この楽しみを織り込み済みで決めた卒論テーマであったから当たり前である。四年生になって本格的に卒論に取り組み始めて、蔦重が関与した出版物を全部実見する必要を感じた。

それまでも、いくつか蔦重版のリストを掲げた本や雑誌記事はあったし、『狂歌書目集成』などの書目類から拾い出せるものもあったのであるが、それはタイトルだけの情報で、中身は知れない。『洒落本大系』などで活字化された本文に接することのできる叢書類もあったが、そこに載っているものはごく僅かだったし、何よりも現物を直に手に取ってみたかった。国立国会図書館や東京都立中央図書館などへの日参が始まった。思えばこれも織り込み済みだったかもしれない。記録をとったB6カードが徐々に増えていくことが楽しみとなった。安かった往来物など、神保町仕入れの和本も少しずつ増えていった。

大学院に入ってからも、引き続き同じテーマ、同じやり方で、ひたすら蔦重版を追いかけていった。なんとか旅費を工面して、あちこちの図書館や文庫を訪ね歩いて、出版書目を充実させていった。

思えば、もう四十年ほど前のことである。私としては、論文や調査結果をまとめて本に仕立てたところで、もう蔦重研究にけじめをつけたつもりであった。それでも時々は、蔦重関連の原稿依頼や講演依頼があって、かつての研究を思い出すこともあったが、年を経るにしたがって思い出すのが一苦労になりつつあった。それがここにきて、逐一思い出さざるをえないはめになってしまった。蔦重に関わる仕事の依頼が殺到、本書もその一環である。昔書いた文章、昔記録したカード、すっかり薄れてしまった記憶を、あれやこれや引っ張り出しての作業、いい年になっての蔦重復帰リハビリは思いの外ハードなものであった。

まだまだ取り上げたい蔦重版、取り上げるべき蔦重版も数多く残っている。浅い紹介しかできなかった蔦重版だらけでもある。しかし、通勤・通学のお供は軽いにこしたことはない。新書という器に盛るには、ここらがちょうどよろしいところかと思う。まだまだ満腹ではないと思われた方は、興味のある蔦重版にどんどん触れていただけると幸いである。『洒落本大成』（中央公論社）・『山東京傳全集』（ぺりかん社）・『江戸狂歌本選集』（東京堂出版）などなどに収まって、活字で読むことができる作品も多くなった。浮世絵を含めて、ネットで全画像を公開しているものも多くあって、高精細なものは多くの情報を読み取れるようになってきている。

まだまだ買うことだって可能である。黄表紙は高くなってきたが、洒落本など一時期より安くなっているような気がする。往来物をはじめとする実用書はいまだ安いまま。神保町に出向けば店頭のワゴンに眠っているお宝に出くわすことだって無くは無い話である。幸運あらんことを。

二〇二四年夏　　筆者

校閲　髙松完子
本文組版　佐藤裕久

鈴木俊幸 すずき・としゆき
1956年、北海道生まれ。
中央大学文学部教授。専門は日本近世文学、書籍文化史。
中央大学文学部国文学専攻卒業、
同大学大学院博士課程単位取得満期退学。
著書に『本の江戸文化講義』(KADOKAWA)、
『蔦屋重三郎』(平凡社新書)、『書籍流通史料論 序説』(勉誠出版)など。
2005年日本出版学会賞、2008年ゲスナー賞、
2013年岩瀬弥助記念書物文化賞受賞、
2019年『近世読者とそのゆくえ』(平凡社)でやまなし文学賞受賞。

NHK出版新書 737
「蔦重版」の世界
江戸庶民は何に熱狂したか
2025年2月10日 第1刷発行

著者 鈴木俊幸 ©2025 Suzuki Toshiyuki
発行者 江口貴之
発行所 NHK出版
〒150-0042 東京都渋谷区宇田川町10-3
電話 (0570) 009-321(問い合わせ) (0570) 000-321(注文)
https://www.nhk-book.co.jp (ホームページ)

ブックデザイン albireo
印刷 壮光舎印刷・近代美術
製本 二葉製本

Printed in Japan ISBN978-4-14-088737-0 C0221

NHK出版新書好評既刊

サラブレッドはどこへ行くのか
「引退馬」から見る日本競馬

平林健一

ターフを去った競走馬はその後どこへ行くのか？　サラブレッドの一生を軸に、現場関係者への綿密な取材を通して、競馬の未来を問う。

733

蔦屋重三郎と浮世絵
「歌麿美人」の謎を解く

松嶋雅人

蔦屋重三郎がモデルの大河ドラマ「べらぼう～蔦重栄華乃夢噺～」の近世美術考証者でもある著者が、美術面から蔦重の仕事に迫る意欲作。

734

新・古代史
グローバルヒストリーで迫る邪馬台国、ヤマト王権

NHKスペシャル取材班

卑弥呼と三国志、空白の四世紀と技術伝来、倭の五王と東アジア情勢。グローバルな視点から多数の図版と共に日本古代史の最前線に迫る決定版。

735

「新しい中東」が世界を動かす
変貌する産油国と日本外交

中川浩一

中東諸国の表裏を知る元外交官が、大規模改革で台頭する「新しい中東」の様相をレポートするとともに、日本が進むべき道を大胆に提言する。

736

「蔦重版」の世界
江戸庶民は何に熱狂したか

鈴木俊幸

蔦屋重三郎の出版物に、なぜ江戸庶民は熱狂したのか。大河ドラマ「べらぼう」考証者で蔦重研究の第一人者が「蔦重版」の真髄を解説！

737